本书编委会

编委会主任

储学军
新华社新闻信息中心主任

王 巍
微博 COO、新浪移动 CEO

编委会成员

昝红霞	丛 松	崔军强	周玉洁
郭苗苗	赵 静	张 丽	蔡佳佳
赵程成	赵建宇	韩其臻	毛文慧
刘嘉鸣	连梦婷	陈哲伟	苏 杭

[序言]

记录旅行之美，品味美好生活

过去一年，中国共产党迎来百年华诞，实现了第一个百年奋斗目标，开启了全面建设社会主义现代化国家新征程。身为媒体人、传播者，生逢伟大时代，是我们的幸运，而引导大众感受时代美好、传承中华荣耀，更是我们的责任。

两年多来，新冠疫情反反复复，对旅游业造成了巨大冲击。"旅行自由"长路漫漫，但国人对于华夏美景却越发向往。为展现全国各地美景、助力地方文旅发展，2021年春季，新华社新闻信息中心、新浪新闻、新华社音视频部联合中国自然资源报社，在新华社平台、微博、新浪新闻客户端共同推出了《美好生活·四季旅行》栏目。全国众多融媒体中心积极响应，优质作品纷至沓来，《美好生活·四季旅行》栏目的浏览量和参与度不断提升。截至2022年6月初，《美好生活·四季旅行》微博相关话题阅读量达62亿，新浪新闻客户端专题单季平均互动量突破3.5亿人次。

历史如江河汹涌，奔流不息，也如细流潺湲，蜿蜒流淌。正如无数细流终将汇成江河，我们每个人对于美好的"小处"的理解和见证，也必然会折射出独属这个时代的光芒。

本书为《美好生活·四季旅行》栏目同名图书。为便于阅读，我们根据季节顺序和行政区划，对拟定出版的内容进行了汇编。梨花胜雪的开远、鄱阳湖畔苍鹭齐飞的达子咀村、波光水影的巨淀湖、绵延辽阔的克什克腾旗草原……不论家乡是城市还是乡村，读者都可以通过一张照片、一篇文字、一段视频回味故土风情。阅读此书，读者可纵览祖国山河的壮阔秀美、感受各地景区的人文风情，亦可扫描随文嵌入的二维码，以视频的形式欣赏更多维、更丰富、更直观的人间胜境。

春樱、夏露、秋叶、冬雪，四季流转更替，美好生活就存在于每一个你我心中。希望这个栏目、这套旅行图书能够成为一个窗口，在向世界持续展现中国大地澎湃脉动的同时，让每个人都能感受到时代的回响，并始终保有对美好生活的热爱和向往。

《美好生活·四季旅行》栏目和系列图书，会继续记录多彩的中国风土人情，继续分享旅行之美，为读者朋友陆续呈现更加精彩瑰丽的图景。我们也期待能在现实旅途中与你相见。

储学军
新华社新闻信息中心主任

王巍
微博 COO、新浪移动 CEO

2022 年 6 月

目录

云南

忽而春风来，梨花绽放一树白 _ 2 ／ 群樱烂漫，如梦似幻 _ 4

玉荷花开 _ 6 ／ 桃花盛开的地方 _ 10

"桃"不掉的夏日甜蜜 _ 12 ／ 春风吹起黄金浪 _ 14

松鼠闹春 _ 16 ／ 邂逅最美的"金艳"盛事 _ 17

诗意仁者，乡愁之地 _ 20 ／ 大围山的杜鹃花开了 _ 22

春天里的大地调色盘 _ 25 ／ 保山施甸，初荷夏裳着新色 _ 29

四 川

人间四月芳菲尽,中江芍药始盛开 _ 36

荷叶田田映乡村,荷花依依醉游人 _ 40

半山云舍,山野之间的诗意生活 _ 44 / 篱头月季红 _ 47

锦江春色来天地,花红柳绿总关情 _ 50

陕 西

红色之旅,宝塔启程 _ 56 / 古韵新风,悦享莲湖 _ 60

宜君剪纸、农民画 _ 66 / 秦岭山水,美在柞水 _ 68

广 东

罗浮山下风光好 _ 74 / 美在水光山色中 _ 78

仲夏宝墨园,岭南好风光 _ 82 / 千年古都,文明新城 _ 88

湖 北

白莲湖,有"颜值"更有"价值" _ 94　/　土家风光无限好 _ 97

且看随县春潮涌,花香茶香缭绕时 _ 100　/　仙山贡水,近悦远来 _ 104

湖 南

来浏阳大围山,感受清凉一夏 _ 112

春日,行吟汨罗江 _ 115

山 东

沂河东岸风景新 _ 122　/　春日律动,醉美诸城 _ 126

活力昌邑,魅力新城 _ 130　/　魅力武河,风光旖旎 _ 133

江北瓷都,聊斋故里 _ 136　/　大美湿地,魅力巨淀 _ 139

潍坊有条金银沟,沟里处处是乡情 _ 144

浪漫薰衣草,打造最美童话小镇 _ 146

江 苏

与郁金香相约,与春天相约 _ 150 / 春到甸上来 _ 156
一路走来,还是东台 _ 160 / 以为梦里,原来"谷里" _ 164
来南通鲜花小镇,感受花花世界 _ 168
运河古纤道 _ 173 / 盐都山水有清音 _ 176

黑龙江

多元爱辉,闪耀边城 _ 182 / 红色名城,塞北延安 _ 184
松涛林海,绿色明珠 _ 188

江 西

鄱阳湖畔"苍鹭村",人与苍鹭和谐共生 _ 192

河 北

千年古邑，现代新城 _ 202 / 松海叠翠，邂逅清西陵 _ 206

内蒙古

两山一河，灵韵山水 _ 212

北 京

天初暖，日初长，门头沟里好春光 _ 218 / 桃花溪上赏桃花 _ 221

京郊夏日游，寻一方清凉之境 _ 224 / 密云梨花开，踏青正当时 _ 228

01

云南

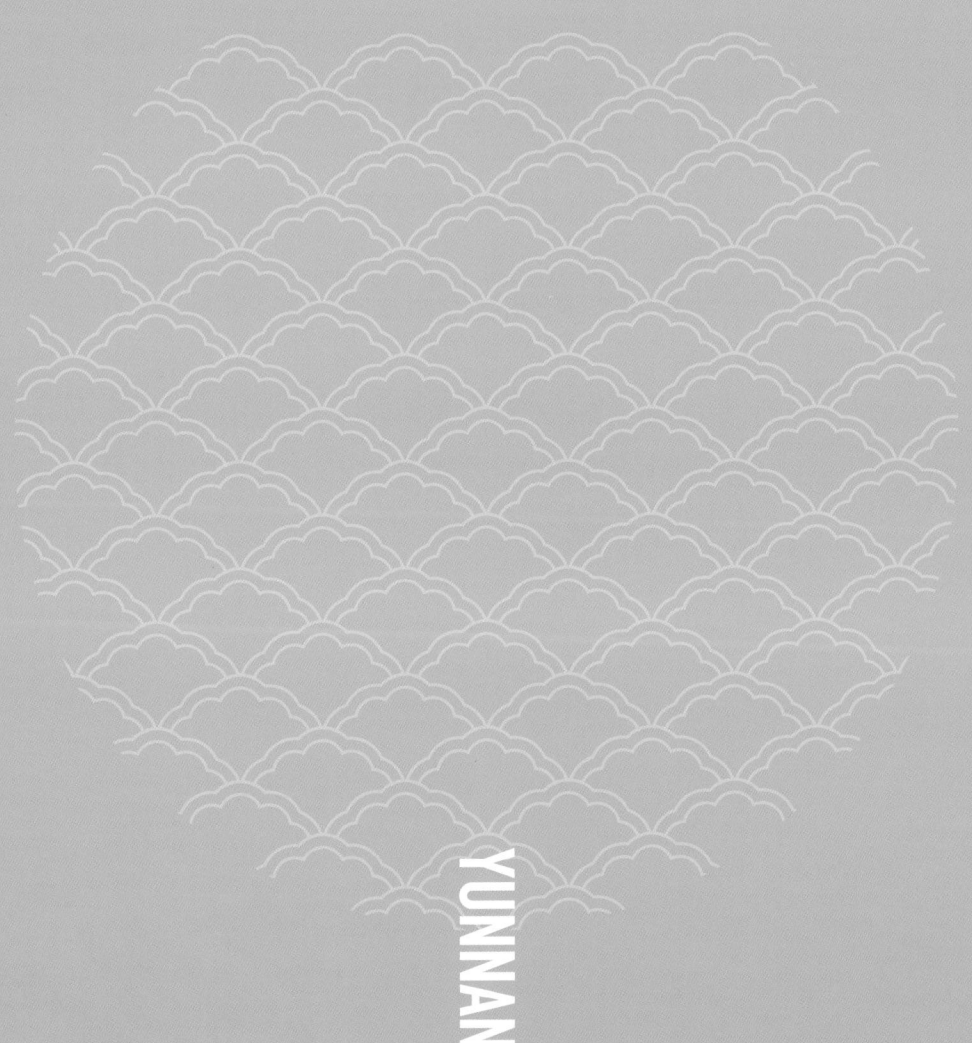

YUNNAN

忽而春风来，梨花绽放一树白

【红河州开远市】

开远市融媒体中心

扫描本书中所嵌二维码，可观赏祖国大好河山的四季胜景。

阳春三月，风光正好，红河哈尼族彝族自治州开远市灵泉街道西山片区的万亩梨花开得正盛。漫山遍野的梨花勾勒出一幅绝美的春天画卷，一树树、一坡坡，如雪似玉，呈现出"梨花淡白柳深青，柳絮飞时花满城"的迷人景象。

三月春风吹，梨花压满枝。放眼望去，连片的梨花洁白无瑕，宛若一片雪海。

株株梨树，参差错落，蜂蝶翩飞。风起，梨花如雪，纷纷飘落，冷艳清绝。

近年来，当地大力发展葫芦梨产业，目前种植面积已达2.8万亩，成为当地群众增收致富的重要产业之一。待到葫芦梨成熟时，这里又将是一派丰收的景象。

梨花连片盛开，漫山如雪。（陶家淇 摄）

上 | 麦青青于野,梨花盛开如雪。漫山遍野的梨花勾勒出一幅绝美的春天画卷。(陶家淇 摄)

下 | 梨花深处有人家。(李海清 摄)

群樱烂漫，如梦似幻

【红河州开远市】

开远市
融媒体中心

阳光和煦，暖开了开远市冷水沟片区石头坡上的万朵樱花。一棵棵柔美、梦幻的樱花树笑意盈盈，极尽旖旎之姿，各展曼妙之态。

朵朵樱花粉中透红、浓淡相宜，不媚俗，不张扬，密密匝匝缀满枝头，远看如一团团笼罩在山野上的粉色云霞。山势起伏间，片片粉红在微风中摇曳，目之所及，静谧而又热烈。粉色的花朵，点缀在满山的翠绿间，为春日增添无数风情。

大自然的丹青妙手将缀满烂漫群樱的山野绘成一幅美丽的画卷，这漫山遍野的樱花也为沉寂已久的山林增添了一抹春意。

朵朵樱花粉中透红,浓淡相宜。
(李海清 摄)

玉荷花开

【红河州开远市】

开远市
融媒体中心

这是一个村庄和玉荷花树的故事。

当浩荡的春风吹过一道道山梁，回眸看这个美丽的小村庄——上浑水塘村时，一切都娇媚了起来。一树树玉荷花开，染白了山头与田野，让村庄沉浸在一片温柔的白色里。

三月的上浑水塘村令人心醉，人的视觉、嗅觉、味觉全部被其唤醒。一棵棵百年古树遮天蔽日，繁茂葳蕤；一朵朵玉荷花亭亭玉立，清淡素雅。

人间有味是清欢。最让人难忘的还是那一盘素炒玉荷花——它满藏着关于春天的记忆，把人间烟火气的欢愉留在舌尖，让人年年翘首以盼。

一朵朵玉荷亭亭玉立，清淡素雅。（李海清 摄）

玉荷花树上犹如覆盖了一层或厚或薄的雪。（李海清 摄）

最令人动容的是村里人和树的故事。玉荷，其花洁白如玉，清艳如荷，花开花落，清清淡淡。岁月流转间，它看着村里一代代少年变成了老人，也把自己活成了参天古木，活成了一道遗世的风景。

村里人爱玉荷花。他们在房前屋后、田间地头、荒山荒坡上都种上树苗。不管树种在什么地方，他们都会细心照料、呵护它们，让它们慢慢长大，慢慢开花。根有多深，树对村庄的情义就有多深。春风一来，满树花朵，装扮了村庄，丰富了村里人的餐桌，充实了他们的钱包，这也是树对村里人的回馈。

在这里，村里人和树的故事一代代流传，古老而神秘，温馨又动人。

在上浑水塘村,一棵棵百年古树遮天蔽日,繁茂葳蕤。
(李海清 摄)

桃花盛开的地方

【红河州开远市】

开远市
融媒体中心

　　桃之夭夭，灼灼其华。春日里，桃花如约而至。

　　春雨过后，被雨水滋养过的万亩蜜桃基地里，朵朵娇艳的桃花开在阳光下，开在春风里，开成春天最美的样子，惊艳了整座开远城。

　　乐白道街道冷水沟村的桃园里，酝酿了一个冬天的桃花竞相绽放，生机盎然。蜜蜂穿梭在花丛中，为早春增添了不少灵动与生机。

　　赏花可要趁早。冷水沟村、三转弯村、马头坡村、桃源村、葫芦塘村……这一众开远赏花打卡地都是不错的选择。

　　随着桃花的盛放，春日里的一切都在复苏。一年之计在于春，我们可以期待又一个丰收的年景。

醉人的桃花在微微春风中仰头绽放。（李海清 摄）

"桃"不掉的夏日甜蜜

【红河州开远市】

开远市
融媒体中心

开远市的蜜桃果形奇特，桃尖形似鹰嘴，果色绿黄中带红晕，肉质细腻，糖锤度高达 19%~20%。

在开远市乐白道街道冷水沟村蜜桃种植区，粗壮的蜜桃树树形优美，浓密的绿叶间，一个个刚成熟的蜜桃薄施粉黛，青衣红妆，农人们提着果篮，熟练地采摘着蜜桃，一天就能采摘并销售 4 吨多。

开远蜜桃于 20 世纪 70 年代从广东引入，在开远得天独厚的气候条件下，经过 40 多年的栽培驯化和繁育选优，成了本土化的优质果种，并获得中国农业农村部颁发的农产品地理标志登记证书。开远蜜桃是当地的地理标志品牌，也是一张叫得响的靓丽名片。

近年来，开远的生态建设力度持续加大，开远蜜桃产业已成为带动农户增收致富、推动乡村振兴的主要产业之一。

开远蜜桃果形奇特,桃尖形似鹰嘴。(陶家淇 摄)

春风吹起黄金浪

[红河州开远市]

开远市融媒体中心

开远市碑格乡是一个少数民族聚居的高寒山区，主体民族是彝族，此外还有汉族和苗族。这里全年平均气温为15摄氏度，粮食作物以玉米、荞麦、小麦为主。

每年冬季，当漫山遍野的植被变得枯黄时，只有一块块麦田依旧翠绿。经过严冬的洗礼，来年春天，遍山的麦田由绿转黄，一颗颗麦粒变得饱满。在春风的吹拂下，金黄色的麦穗随风摇曳，发出沙沙声，宛如滚滚黄金浪，呈现出一派喜人的春收景象。

春风吹起金黄浪。（陶家淇 摄）

饱满的麦粒,是农人的希望。(陶家淇 摄)

松鼠闹春

【红河州开远市】

开远市融媒体中心

伴随着轻柔的春风,开远市泸江公园里一片鸟语花香,时常能看到松鼠在林间蹦跳穿梭的身影。

在这里,它们找到了栖息之家。它们不怕生,时常与游人互动,在人前嬉戏打闹,那模样十分可爱。

它们或在草地上追逐,或跳上树干觅食,无拘无束,为游人勾勒出一幅美丽又亲切的自然画卷。

动物是生态环境的"晴雨表"。小松鼠们的快乐日常,正是开远良好生态环境的生动印证。

松鼠在树干上玩耍。(李海清 摄)

开远市
融媒体中心

邂逅最美的"金艳"盛事

【红河州开远市】

惊蛰前后，和煦的春风与似锦的繁花如期而至，开远市羊街乡黑泥地社区也迎来了一场盛大的花事——黄花风铃木"金艳"登场，一不小心惊艳了整座城。

这一树树挂满枝头的黄花颇惹人怜爱。微风轻拂过枝头，引得落英缤纷。放眼望去，一簇簇、一丛丛的黄花挂满枝头，有种暖融融的意味，其韵味足以与金秋的银杏媲美。

漫步花丛，置身于这片望不到尽头的"黄金花海"中，感受到的只有风声和落花声，让人心醉。

春风拂过，这片"黄金花海"随风翻涌，让人身心愉悦，顿生幸福之感。

在这里，没有什么比这黄花风铃木更耀眼了。每天都有无数慕名而来的赏花人，只为赴一场浪漫之约。

在黑泥地，可赏的美景不只是"黄金花海"。近年来，当地全力实施乡村振兴战略，依托知花小镇建设，大力发展乡村旅游业，在村容村貌、绿化美化方面下功夫，乡村颜值不断提升，吸引了越来越多慕名而来的游客，带动了当地的经济发展，也让当地的农户实现了增收。

一簇簇、一丛丛的黄花挂满枝头。（李海清 摄）

诗意仁者,乡愁之地

【红河州开远市】

开远市
融媒体中心

仿佛是《诗经》里"在水一方"的佳人,又像是唐诗中"绿树村边合,青山郭外斜"的故园,而在现实中它是新时代"望得见山、看得见水、记得住乡愁"的诗意之地——开远市仁者村。

村在园中,园在村中。开远市仁者村坐落在国家4A级旅游景区开远凤凰生态公园内,被"一山一湖一湿地"幸福环抱。

历尽天华成此景,人间万事出艰辛。百年滇越铁路、悠悠东河之水,默默见证了仁者村从"脏乱差"到农业强、农村美、农民富的嬗变与腾飞。

"绿水青山就是金山银山",美丽山水带来美丽经济。这里的村民,人生诗意,幸福安然。

被"一山一湖一湿地"环绕的仁者村。(陶家淇 摄)

大围山的杜鹃花开了

【红河州屏边县】

屏边县融媒体中心

走进位于屏边县的大围山国家公园,但见大围山雄伟嵯峨,茫茫林海绵延数十公里,一派壮美迷人的自然风光。慕名而来的游客,无不为这个有着"滇南动植物基因库""天然氧吧"之称的旅游胜地发出由衷的赞叹。

春天的大围山美丽而柔和。这里空气清新,阳光温暖,绽放在海拔2000多米的大围山上的杜鹃花更是美不可言,令人沉醉。大围山的杜鹃花,身披最美的霓裳,带着雾凇的吻痕,飘散着缕缕清香,与大围山紧紧相拥,将其映染得绚丽缤纷。虬曲苍劲的老树旁,几株杜鹃灿然盛放,绮枝交错,婀娜多姿。

茫茫林海中,杜鹃花点缀其间。

杜鹃花婀娜多姿,美不可言。

  春风十里杜鹃香。此时的大围山,恰似游人所希冀的模样。漫游林中,移步换景,可尽赏其妍态。

  三言两语道不尽大围山的美好,只有身临其境,才能领略一二。何不邀一二好友,来一场大围山之约呢?

春风十里杜鹃香,道不尽大围山的美好。

姚安县
融媒体中心

春天里的大地调色盘

【楚雄州姚安县】

姚安县位于云南省楚雄彝族自治州西北部，这里历史悠久，文化底蕴深厚，旅游资源独特，自然生态良好。

公元前109年，西汉在这里置弄栋县，唐设姚州都督府，为南中统部，节制57个州（县），南诏时置弄栋节度，宋时大理段氏改为统矢府。元置姚安路，明改为姚安军民总管府。姚安为古西南丝绸之路的咽喉要地，史称"六诏之中分""三川之门户"。姚安自古有"一座姚州城，半部云南史"之誉。

姚安文化遗产丰富，其彝族梅葛、姚安花灯、姚安坝子腔均被列入国家级非物质文化遗产保护名录，素有"梅葛故地，花灯之乡，文献名邦"的美誉。姚安境内还有全国重点文物保护单位龙华寺、德丰寺。

鸟瞰姚安坝子，各种农作物和金色的油菜花组成了一个巨大的调色盘。（王劲锋 摄）

此外，姚安县博物馆馆藏文物数量居云南省同级博物馆前列。

位于国家级历史文化名镇光禄古镇的高氏府衙，历经宋、元、明、清，有"四朝古衙"之称，创造了"九爽七公八宰相，三王一帝五封侯"的政治传奇。

姚安的空气能见度高，是天文界公认的天象观测的最佳地点之一，中科院紫金山天文台在姚安设立了观测站。光禄古镇是省级重点特色旅游小镇和国家4A级旅游景区，通过持续开发建设，已初具集观光、休闲、度假于一体的复合型旅游小镇雏形。

119平方公里的姚安坝子，是云南省50个面积为100平方公里以上的坝子之一，有"群山环抱蛉河水，盆地碧绿万顷田"的田园美景。到姚安坝子万亩油菜花开的时节，暖阳下朵朵油菜花竞相绽放，远远望去，只见薄薄云雾环绕在山间，金灿灿的油菜花镶嵌在一望无垠的田野上，形成绚丽多彩的色块，似天神遗落在人间的调色盘。这一派盎然春光，美如画卷。

阳春三月，姚安坝子万亩油菜花开。（王劲锋 摄）

上 | 薄薄的云雾环绕在山间，形成绚丽多彩的色块，春意盎然，美如画卷。
下 | 金灿灿的油菜花整齐地排列在一望无垠的田野上，犹如一条条金色的绸缎。
（王劲锋 摄）

樱花迎风怒放,勾勒出一派曼妙春光。(王劲锋 摄)

施甸县
融媒体中心

保山施甸，初荷夏裳着新色

【保山市施甸县】

夏天，是一个繁花似锦的季节。在保山施甸，要说美景，就不得不提姚关野鸭湖3000亩荷塘的初荷了。这里的荷塘，已在5月的阳光下悄然换上了夏季"新装"。

初荷不是荷花，而是刚刚从泥里钻出的嫩芽和嫩叶。走进姚关野鸭湖，初荷满塘，绿意盈盈，淡淡的荷香让人心旷神怡。俯拍镜头下的荷塘，俨然一块巨大的绿色地毯，甚是壮观。

初荷的美独具一格。刚刚钻出淤泥的嫩芽，中间鼓，两头尖，似晴空夜晚嵌在天幕中的月牙，让观荷之人感到舒适而恬静。半卷半舒的嫩叶仿若情窦初开的少女，嘴唇轻启，深情地诉说着对意中人的思念。完全舒展开来的嫩叶，有的静静地浮在水面上，有的被青翠的荷杆高高托起，高高低低、参差不齐，如同错落有致的一把把绿伞，默默装点着清冽明澈的池塘。荷叶上晶莹剔透的露珠在阳光照耀下更显清冷，将这个翠绿的池塘装饰得愈发温润如玉。

荷花千姿百媚，惹人爱慕，初荷静逸温婉，更显纯粹。初荷无需华裳修饰，无需浓妆艳抹，它们清新淡雅、朴素自然，美得刚刚好。

野鸭湖初荷满塘，目之所及，绿意盈盈。

风起，初荷摇动，吹奏着心底纯洁的曲调。

初荷的美清新脱俗，不染尘埃。

02

四川

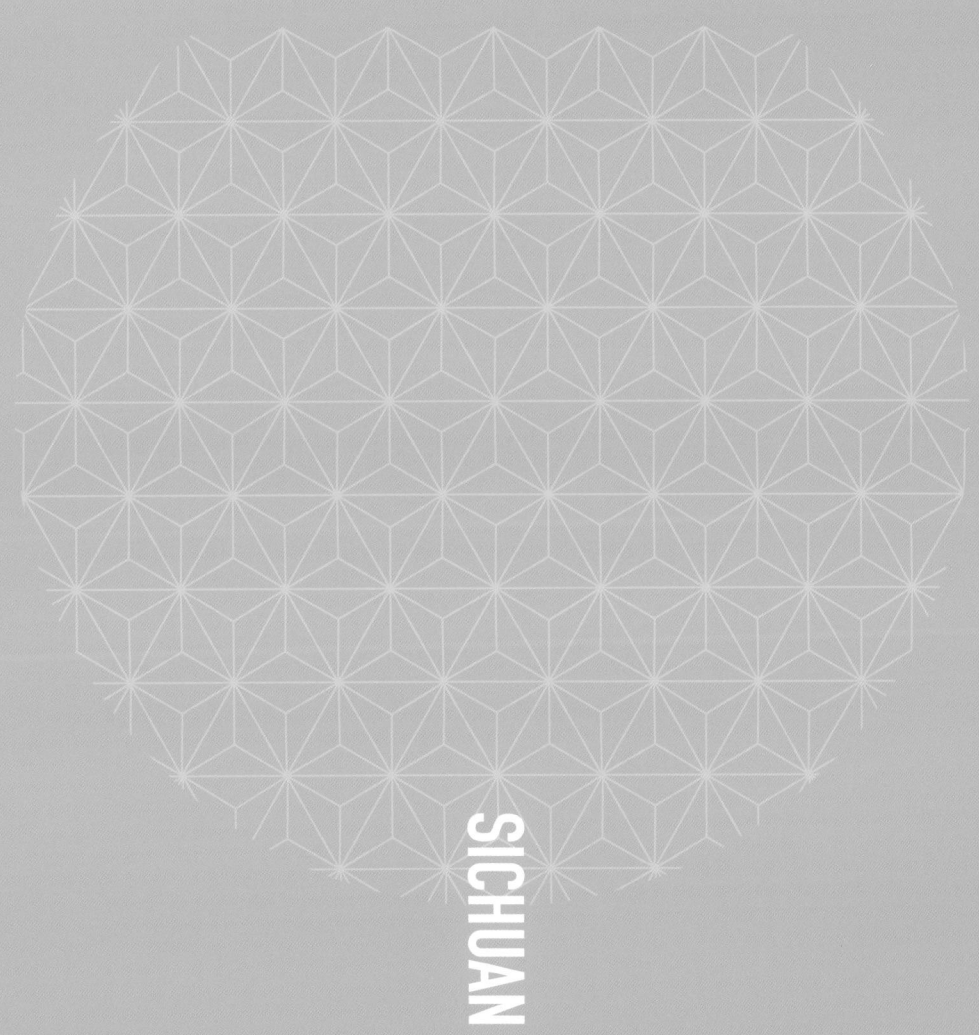

SICHUAN

人间四月芳菲尽，中江芍药始盛开

【德阳市中江县】

中江县融媒体中心

四月芳菲，德阳市中江县漫山遍野的芍药，成为暮春时节最美的一道风景。白色、红色、黄色、粉色的芍药，纷纷争奇斗艳。花儿随风摇曳，层层叠叠，美不胜收。

芍药有着浪漫的寓意，古代男女交往时常以芍药互赠，因此芍药也被称作"中国情花"。每年4月上旬到5月中旬，中江次第开放的芍药吸引着来自各地的游客。他们会集于此，只为一睹中江芍药的芳容。

中江白芍的人工种植历史长达300年，良好的大气、水、土壤等自然生态环境，成就了中江白芍的独特品质。道地药材"中江白芍"也成了国家地理标志保护产品和国家原产地证明商标。

中江县政府在传承道地中药材价值的同时，积极培育芍药鲜切花产业，引导药农科学种植和采摘芍药，让"药农"实现了"药农＋花农"的身份转变。中江人以花为媒，走出了一条农旅融合的发展之路。中江芍药已成为中江人的致富之花、幸福之花。

春光无限好,花海话情谊。

上 | 万亩芍药，竞相开放，争奇斗艳。
左下 | 粉芍红晕嫣然，似美人低头浅笑。
右下 | 白芍清新淡雅，享誉中外。

荷叶田田映乡村,荷花依依醉游人

【德阳市中江县】

中江县融媒体中心

荷风送香气,盛夏赏荷姿。中江县南华镇的"荷韵·南山"景区内碧荷似海,粉色、白色、黄色的荷花盛开在田间,微风拂过,淡淡荷香沁人心脾。一望无际的荷田和蜿蜒其间的小溪、粉墙红瓦的民居共同构成了一幅美丽的田园画卷。

以前,这里的村民主要种水稻,但因地势低洼,十年九涝,收成并不好。2010年以来,随着"荷"产业在这里扎根,乡村生态旅游业得到发展,"荷韵·南山"莲藕基地采用"公司(合作社)+业主+农户"的经营模式,开创了一条崭新的发展道路。盛夏时节,30余种荷花竞相开放,迎风摇曳,美不胜收。目前,园区年产莲藕约280万公斤,年产值达600余万元。

"荷韵·南山"景区以其独特的地理位置、独有的现代农业特色和旖旎的田园风光,成为中江县城的"后花园"。每当荷花盛开时,这里便成为人们旅游观光、休闲娱乐的胜地。人们漫步荷间小道,摆龙门阵(四川方言,即谈天)、看美景、呼吸荷风,与大自然融为一体。炎炎夏日,到"荷韵·南山"景区的一池荷花边走一走,成为中江人的美好记忆。"荷韵·南山"景区越来越旺的人气,也让当地村民的生活日渐红火起来。

上 | "荷韵·南山"景区内田田的荷叶。
下 | 荷塘暮色。

片片绿叶擎粉嫩，一派清水出芙蓉之姿。

半山云舍，山野之间的诗意生活

【泸州市合江县】

合江县
融媒体中心

半山云舍半山云，半山烟雨半山晴。在泸州市合江县川渝旅游金三角腹地，"天下石工第一"的千年古刹、皇家寺庙法王寺旁，有一方氤氲着梵音的宝地——半山云舍。这家独具特色的民舍充分利用了当地天然云海的独特自然生态景观，将生态文化和禅宗文化的特点展现得淋漓尽致。

半山云舍坐拥半山青翠，川南吊脚小楼、丹霞红石柱、穿斗式结构等是半山云舍不可不观的景致。于法王寺参悟禅意，于半山云舍休养生息，这里的寂静隔绝了城市的喧嚣，远离了俗世的纷扰。在"等风来""月无边""竹影归""云自在"这四个独立院落中，可以尽享琴、棋、书、画、诗、酒、花的诗意生活。

上 | 半山云舍前的茶园内,茶树枝桠上长出柔软的新芽。
下 | 品尝香茗与美食,共赏落日余晖。

半山云舍院内的早樱绽成粉色的云霞。

合江县
融媒体中心

篱头月季红

【泸州市合江县】

泸州市合江县白沙镇忠孝村，有一处独特的风景，那就是远近闻名的佛手园。由竹条编织而成的篱笆沿路将整个佛手园环绕起来，充当着围栏的角色。颜色各异、品种繁多的月季花攀附而上，将这些"竹条篱笆"变为了"月季篱笆"。

不仅如此，月季花还将"触手"伸到了佛手园的每一个角落：农耕文化采摘园、田园体验园、农家乐……每一处都有它的身影。以"月季花境"为主题打造的亲子游乐园也迎来送往着各地游人。佛手产业、柑橘产业的发展和月季景观的打造，使忠孝村佛手园成为集旅游、采摘、休闲等于一体的生态旅游园区。

400亩佛手园以佛手为主体，月季篱笆点缀其间。

47

月季花迎着春光绽放。(图中月季品种分别为安吉拉、藤小伊)

篱头月季含烟和露,芳姿柔媚。

锦江春色来天地，花红柳绿总关情

【成都市锦江区】

成都市锦江区
融媒体中心

作为"锦城绿道"项目的首个"农商文旅体"融合发展示范区，曾经以经营农家乐为主的江家艺苑，经过精心规划后，绿道、花海、湖泊遍布，142万平方米的园区里，水域面积约占8.3万平方米，使这里成为离市区最近的亲水公园。

在园区错落有致的草坪上，展出了来自新西兰汉密尔顿、泰国清迈、玻利维亚圣克鲁斯等成都国际友城的艺术家们的作品。此外，创意雕塑、特色绿道、时尚现代的亲子运动设施也给市民们带来了全新的体验。如今，这里已成为以公共艺术展示和艺术活动创作为主题的生态园区，也是展示成都与世界各地的友好关系的窗口之一。

江家艺苑在打造过程中，不仅保护了生态，也考虑到了市民和游客的娱乐休闲需求，充分融入了时尚、艺术和文化的元素。绿道上有跑步者、骑行者，游乐区传出孩子们阵阵欢声笑语，老年社团也在此拍照打卡——不同的人群，都能在这里找到适合自己的生活方式，享受幸福美好的生活。

以农家乐为主的江家艺苑，是离成都市区最近的亲水公园。

上 | 江家艺苑集时尚、艺术、文化、生态、娱乐等元素于一体。
下 | 春江水暖，游人如织。

03

陕西

SHANXI

红色之旅，宝塔启程

【延安市宝塔区】

延安市宝塔区融媒体中心

巍巍宝塔山，滚滚延河水。延安市是中国革命的圣地，宝塔区是革命圣地的"心脏"。曾经，到延安去，是无数革命志士的愿望；多年后，到延安去，依然是秉承赤诚之心的我们所向往的。在延安，红色宝塔正肩负着历史的重任，魅力宝塔正洋溢着青春的活力。

宝塔区位于延安市中部，地处陕北黄土高原中部丘陵沟壑区与高原沟壑区交界的过渡地带。宝塔山与凤凰山、清凉山相照，形成三山绕城的态势，山脚下则是宝塔区的商业中心地带。近年来，陕北人民积极探索，主动谋求良性发展，利用独特的自然地理条件和气候条件，大力发展山地苹果产业。

革命圣地，现代新城。延安精神正激励着陕北人民奋勇向前，迈出独属于自己的新时代步调。

上 | 革命圣地的"心脏"——延安市宝塔区。
下 | 从宝塔山上俯瞰，整个宝塔区一览无余。

宝塔区人民走出的致富新路——山地苹果产业。

旧貌变新颜,且看南泥湾今日新景象。

古韵新风，悦享莲湖

【西安市莲湖区】

西安市莲湖区融媒体中心

晨钟暮鼓取次听，映日荷花在莲湖。千年古都西安像一顶流溢着汉唐风韵的皇冠，而莲湖区就是镶嵌在这顶皇冠上的一颗亮丽宝石。公元1386年，明代秦王朱樉（shǎng）驻守西安，引通济渠之水，在承天门遗址处建湖植莲，湖中烟波浩渺，莲花婀娜多姿，故取名为"莲湖"。

开远门遗址上的丝绸群雕仿佛诉说着古丝绸之路上的奇闻逸事，游人恍然间好似能听到驼铃鸣响。千百年前，载满丝绸、瓷器、茶叶等的中国商队从这里走向西方各国。泱泱天朝，万国来贺——盛唐的豪迈胸襟和气魄在大唐西市显露无遗。西安地标建筑钟楼和鼓楼在这里遥相呼应，蔚为壮观。北院门历史文化风情街古风悠悠，唐代遗韵与现代科技在这里水乳交融、灿若星河。

莲湖区不仅见证了长安命运的起起伏伏，也目睹了当代莲湖人不断追赶、超越的辉煌历程。集文化、生态、娱乐、购物、餐饮、酒店等多元业态于一体的商业体"老城根 G park"，为古老的街道插上了新时代的翅膀。西大街中段的都城隍庙历经风雨仍岿然不动，独具魅力的城隍鼓乐仿佛一股潺潺的溪流，奔涌不息。这里的美味佳肴数不胜数，地方小吃随处可见，民族饮食琳琅满目，腊牛羊肉、黄桂柿子饼精工细作，牛羊肉泡馍香气四溢、驰名中外……

追寻历史的车辙，穿过岁月的烟尘，这里古迹尚存，繁华依旧。随着西安建设国际化大都市步伐的加快，沐浴在新时代阳光下的莲湖，将持续为古城的发展注入强大的"莲湖动力"，奋力谱写莲湖高质量发展新篇章。

陇海线铁路主题公园——西安首个以陇海铁路为主题的全龄段体验式开放公园。（李红亮 摄）

62 / 陕西

左上 | 莲湖区开远门遗址上的丝绸群雕气势磅礴。（李龙刚 摄）
左下 | 国家 4A 级旅游景区大唐西市，在唐长安西市原址上重建而成，是一个以"盛唐文化、丝路文化"为主题的国际商旅文化产业项目。（李龙刚 摄）
右 | 西安"老城根 G park"法国国际水秀音乐节活动现场。（李明 摄）

建成于明洪武十三年（1380）的西安鼓楼，历经 600 多年的沧桑，留住了明代建筑的精彩和风华。（贾锦龙、李龙刚 摄）

西安钟鼓楼广场夜景,车水马龙,繁华依旧。(李龙刚 摄)

宜君剪纸、农民画

【铜川市宜君县】

宜君县
融媒体中心

近年来,宜君县按照"以文化促经济、以经济带文化"的发展思路,不断加快文化基础设施建设,充分挖掘宜君剪纸、农民画等传统文化艺术的新时代内涵,有效提升了文化产业对县域经济发展的推动作用。

1988年,宜君县成为首批"中国现代民间绘画画乡"之一。2014年,宜君县被命名为"中国民间文化艺术之乡"。经过多年的传承和发展,如今的宜君县已成为一个充满文化气息,因文化而幸福的宜居山城。

宜君剪纸,妙趣横生。(郭华、杨秀勤 作)

富有民族风情和地方特色的农民画。（韩淑凤、郭华 作）

秦岭山水,美在柞水

【商洛市柞水县】

柞水县
融媒体中心

柞水,地处中国地理南北分界线秦岭南麓,属秦岭国家公园核心区,有着得天独厚的地理环境和丰富而独特的旅游资源。这里夏无酷暑,冬无严寒,气候温润,空气负氧离子含量高,被誉为"秦岭闺秀、天然氧吧";融名山、名镇、名洞于一体,被誉为"终南首邑、山水画廊"。这里的地理位置独特,历史上各民族杂居,也由此形成了南北交融的独具特色的地域文化、民俗文化、饮食文化。

在牛脊梁国家森林公园,可见云海奇观。(孟琦雄 摄)

青山下的朱家湾花锦园中,向日葵朵朵绽放。(孟琦雄 摄)

左 | 青山绿水环绕着柞水县城。
右 | 今日金米村，一派秀美的自然风光。
（孟琦雄 摄）

04

广东

GUANGDONG

罗浮山下风光好

【惠州市博罗县】

博罗县 融媒体中心

博罗县，地处广东省南部、珠江三角洲东北端。这里山川纵横，生态良好，风光旖旎，全年空气优良率可达 97.7%，旅游资源得天独厚，有国家级风景名胜区、国家 5A 级旅游景区、中国天然氧吧——罗浮山，以及国家级自然保护区、森林度假公园——象头山。

博罗历史悠久、人文荟萃。博罗是岭南四大文明古县之一，是先秦时期的缚娄古国所在地。东晋道教理论家、医药学家葛洪曾在罗浮山悬壶济世、著书立说，并著有《抱朴子》《肘后备急方》等作品。屠呦呦

博罗山川纵横，生态良好，风光旖旎。（叶源峰 摄）

航拍下，云雾缭绕的柏塘镇小洞村。（林波 摄）

教授从《肘后备急方》中得到灵感，利用从青蒿中提取的青蒿素，发明了治疗疟疾的新药，并凭此获得2015年诺贝尔生理学或医学奖。北宋大文豪苏轼到博罗游历时亦留下了"罗浮山下四时春，卢橘杨梅次第新。日啖荔枝三百颗，不辞长作岭南人"的千古佳句。

有着"岭南第一名山"之称的罗浮山，曾是东江纵队司令部所在地。东江纵队纪念馆于2003年建成，并于2014年被国务院纳入第一批国家级抗战纪念设施、遗址名录。

在漫漫历史长河中，客家文化、南粤文化、中医药文化和红色革命文化在此交融，共同成就了博罗深厚的文化底蕴。

上 ｜ 柏塘镇洋景茶园中三三两两的采茶人。（叶源峰 摄）
左下 ｜ 博罗县罗阳街道稿树下水库，美景如画。（黄敬荣 摄）
右下 ｜ 客家文化、南粤文化、中医药文化和红色革命文化在这里交融。（叶源峰 摄）

春在水光山色中

【肇庆市端州区】

肇庆市端州区
融媒体中心

这里是广东省肇庆市的政治、经济、文化中心。

这里有 2000 多年的建城史。

这里的星湖是国家 5A 级旅游景区。

这里是端州！

身临端州星湖，如果你看到亭亭玉立的落羽杉褪去冬日红袍，换上了绿装，那便是春天来了。此时星湖的绿，像点亮春天的一束光，醒目，但并不灼眼。

观一岩而懂一城之山奇，窥一湖而知一城之水秀。生在星湖、长在七星岩旁的落羽杉，远看近看各有姿色。从空中俯瞰，它宛若仙人在星湖的点睛之笔，在山之威严、水之温柔中，增添了一抹刚柔并济的春色。近看，一棵棵落羽杉像一把把绿伞，暖阳透过它们的缝隙投下疏影。树干干净利落、直爽洒脱，细叶倒是有几分娇羞之色。

时序更替，生命循环。绿，仿佛已经成为落羽杉的使命，一心为肇庆这座"国家森林城市""国家生态文明建设示范市"打好生态底色。即使到冬日，落羽杉换上红袍，也始终挺直腰杆，蓄足生命的热血，以孕育下一个绿意盎然的春天！

披云楼、崇熙塔的夜景美如画。(邓常师 摄)

肇庆市端州区城区全景。(邓文聪 摄)

仲夏宝墨园，岭南好风光

【广州市番禺区】

广州市番禺区融媒体中心

宝墨园位于广州市番禺区沙湾镇紫坭村，始建于清末民初，后毁于20世纪50年代，又于1995年重建。这里面积约10万平方米，集清官文化、岭南园艺、岭南古建筑、珠三角水乡特色于一体。宝墨园古建筑与园林巧妙结合，气势雄伟，雕梁画栋，金碧辉煌，既有古色，又有新香。

全园回廊环合，晴雨皆宜，且冬暖夏凉，是避暑胜地。园内馆阁、园林布局自然，构思巧妙，正门的仿古白石牌坊壮观巍峨，巧夺天工。园中各类雕塑精品琳琅满目，其中可称惊世之作的当数已列入"大世界基尼斯之最"的巨型彩瓷琉璃影壁《清明上河图》与巨幅砖雕《吐艳和鸣壁》。

宝墨生辉樱花汇。（郭锦华 摄）

宝墨堂前春解舞。（宝墨园 供图）

园中安放着万世师表孔子的肖像与为民请命之官包拯的蜡像，以供游客瞻仰。艺林苑内赵泰来艺术宫陈列着大量的青铜器、玉器、陶瓷艺术品，霍宗杰藏品馆、赵少昂艺术馆、杨善深艺术馆亦珍藏着不少古今名家书画。雅集馆内的 190 幅反映 200 多年前广州民间生活的通草画，是宝墨园的镇馆之宝，这些都充分展现了中华文化的源远流长。整个宝墨园是一座园林艺术宫，展现出独特的人文气息。

全园水景堪称一绝。园中遍布澄湖流水，绿沼长河，30 多座石桥横跨旖旎的河湖之上。紫洞舫弦歌袅袅，湖面上紫带虹飞。水中锦鲤翻红浪，柳岸游人笑开颜。竹溪、荔岛成为小孩玩水逗鱼的欢乐天地。登楼而望，远山近水，尽在眼底；若驾一叶扁舟，逍遥放棹，仿似置身蓬瀛。

畅游宝墨园，俯仰间可饱览岭南园林秀色，令人心旷神怡，流连忘返。

上 | 汉风古韵樱花节，宝墨园内樱花正盛。（简伟洪 摄）
左下 | 山水亭阁间，风和日丽。（何子安 摄）
右下 | 宝墨园内，春光迷人。（梁宇星 摄）

新春岭南醒狮民俗文化节开幕式。（宝墨园 摄）

上 | 番禺水色旅游文化节开幕式。（黄启光 摄）
下 | 番禺水色旅游文化节之水上飘色——青萝三凤。（彭栩生 摄）

千年古郡，文明新城

【江门市新会区】

江门市新会区
融媒体中心

新会，是广东历史上文风最盛的地区之一，厚积千年的岭南文脉在这里代代传承。历史是根，文化是魂，新会把千年文脉元素与城区建设、文明创建相结合，把深厚的历史文化转化成时代的精神符号，全力打造有活力、有内涵的文明新城区。

从千年古郡到湾区枢纽，新会作为大湾区的重要节点之一，经济飞速发展。近年来，新会珠西枢纽新城正迅速崛起，将会是新会城区建设的标杆。

新会区各乡镇生态环境良好，自然资源丰富，民俗文化底蕴深厚。新会将科技、文化、艺术结合，营造出丰富的生活形态，探索出适合本区各乡镇发展的经济模式，赋能乡村振兴。随着新会区各乡镇旅游基础设施的不断完善，乡村游将集美食、购物、娱乐、健身、阅读于一体，成为拉动乡村经济、带动旅游发展的重要抓手。

玉台寺的风景美不胜收。

90 / 广东

新会各处的美景令人流连忘返。

05

湖北

HUBEI

白莲湖,有『颜值』更有『价值』

【石首市】

石首市融媒体中心

　　石首市地处江汉平原与洞庭湖平原接合部。"一江贯东西,两河穿南北,版图分五块,四面皆环水",这句话形象地勾勒出了石首的地理概貌,也点明了石首特有的湿地水乡景色。大小湖泊星罗棋布,是上天赐予石首的宝贵财富。

　　白莲湖,又名镜湖,位于石首市南部、上津湖之北,东南临牛浪湖,因湖中产白莲,故名。白莲湖现存水面面积约 6.7 平方公里,集水面积约 126 平方公里。

白莲湖，夏荷依依。

若问白莲湖的作用是什么,当地人大多会脱口而出"养鱼"。不知从何时起,白莲湖以及其他大大小小的湖泊,沦为了纯粹的生产工具。围网、筑坝、切割、投肥……白莲湖支离破碎,不堪重负。

鉴于此,石首市委市政府把生态效益放在首位,全面实行人放天养、清水养殖,真正让白莲湖既有"颜值",又有"价值"。

在不久的将来,石首的天会更蓝、山会更绿、水会更清、环境也会更加优美。一个青山绿水的"鄂南明珠"将会闪耀在荆楚大地上。

白莲湖,暮色降临,晚霞升起。

来凤县
融媒体中心

土家风光无限好

【恩施州来凤县】

望得见山水，记得住乡愁，土家风光无限好！

来凤境内武陵山绵延，酉水河纵贯，山川雄奇，沃野平旷。这里冬无严寒，夏无酷暑，雨量充沛，日照充足，山清水秀。

来凤的巴风土韵浓郁，民情风俗淳朴，是巴楚文化和土家文化的重要发祥地。来凤县因凤凰飞临的传说而得名。全县共有 26 个少数民族，以土家族为主的少数民族人口占 56%（其中土家族占 34%，苗族占 20%），是中国民间文化艺术之乡、中国原生态摆手舞之乡，是土家文化重要发祥地。土家族人民住的是吊脚楼，吃的是土腊肉，喝的是油茶汤，品的是杨梅酒……寻访土家艺术，亦是一场文化之旅。

近年来，来凤坚持"绿水青山就是金山银山"的发展理念，依托宜居、宜业、宜游的生态环境优势，走"生态产业化"和"产业生态化"之路，着力打造农旅一体化，大力发展乡村旅游业，助推当地群众增收致富。

98 / 湖北

上 ｜ 山清水秀的来凤县城区。

左下 ｜ 颇具民俗风情的土家摆手舞。

右下 ｜ 来凤县革勒车镇的梅花林，似一片红色的海洋。

且看随县春潮涌，花香茶香缭绕时

【随州市随县】

随县
融媒体中心

悠悠华夏文明史，烈山脚下是源头。

随县历史悠久、人文荟萃，其建制始于战国末期，距今已有2300多年的历史。随州烈山，是华夏始祖炎帝的诞生之地。随县已连续成功举办十届世界华人炎帝故里寻根节，这对于凝聚海内外华人感情、增强其文化认同感和归属感具有重要的意义。

这里山川秀美、气候宜人，旅游资源丰富。南有"三园"（玉龙温泉公园、林泉生态园、火山地质公园），北有"三山"（七尖峰、桐柏山、鸡鸣山），中间有中华民族人文始祖炎帝诞生地——炎帝故里风景区。春赏桃兰，夏享漂流，秋品红叶，冬沐温泉。这里拥有炎帝故里、西游记公园、西游记漂流、明玉珍故里和田王寨景区5个国家4A级景区，一个国家级湿地公园、一个省级森林公园和一个省级地质公园。随着拜祖文化游、休闲度假游、森林探险游和乡村体验游等主题旅游全面推进，随县成为湖北省旅游强县、旅游产业发展突出贡献县，并被纳入首批21个"省级全域旅游示范区"创建单位。

春日，云峰山万亩茶园郁郁葱葱。

101

神农牡丹谷中的牡丹各色各样,争奇斗艳。

仙山贡水，近悦远来

【恩施州宣恩县】

宣恩县
融媒体中心

春有百花秋有月，夏有凉风冬有雪。浪漫宣恩，四季皆景。

景在城中。玉带般的贡水河穿城而过，串联起文澜桥、墨达楼、音乐喷泉沿河景观带。深吸一口山城的新鲜空气，花香和负氧离子一齐涌入五脏六腑。登上墨达楼，无边的山色自云端泼洒，层层叠叠，从天际渲染到山峡。倚在风雨桥的栏杆上看古楼参差、长街曲巷，一霎间竟有时空交错之感，仿佛回到了那个"画船听雨眠"的世界。

武陵腹地沃壤育仙草，高山云雾阳春催好茶。在"贡茶第一寨"伍家台村，轻呷香茗一口，遥看苍郁茶山，清风徐来，茶海美景近在目前，而茶香则萦绕舌尖……山与水相遇，便成了最好的散文诗。从伍家台乘车向南出发，不到一小时便到了狮子关旅游区。行走于水上浮桥，清风盈袖，水天共色，既可饱览自然奇观，又可与野生猕猴亲密接触，充分感受大自然的美好。

宣恩自然资源丰富、山水风光秀丽、文化底蕴深厚。北纬 30 度黄金分割线穿境而过的宣恩，坐拥多个"中国历史文化名村"及少数民族特色村寨，享有"中国贡品之乡"等美誉。宣恩的林木绿化率达 70% 以上，空气质量优良天数达 340 天以上，是天然氧吧和避暑胜地。2021 年，宣恩仙山贡水旅游区正式获批国家 4A 级旅游景区。一座可观、可游、可沉浸的开放式旅游胜地，正在贡乡大地上崛起。仙山贡水，迎客来！

高罗镇麻阳寨的秋收美景。

高罗镇麻阳寨的村民
正在晒谷。

湖北

左上 | 土鱼河天然大草场。
左下 | 绿水青山间，可见狮子关的水上浮桥。
右 | 夜色下的宣恩县城更添魅力。

06

湖南

HUNAN

来浏阳大围山,感受清凉一夏

【浏阳市】

浏阳市融媒体中心

　　从长沙驾车不到两个小时,就能到达"湘东绿色明珠""避暑胜地"浏阳大围山。它是湘东第一高峰,也是浏阳河的发源地。这里山高林密,植被覆盖率达 99.5%。当很多城市气温达到 30 摄氏度时,大围山的气温仅为 20 摄氏度左右。

　　盛夏时节,浏阳河水缓缓流淌,一路向西,流进湘江、汇入长江、奔向大海。造物钟情于此,赋予了大围山生生不息的气韵,成就了一座天然的动植物博物馆。盛夏,万物繁茂,无数游人来此探访浏阳河源头,在祷泉湖进行一次深度冥想,给心灵放个假。几百万年前的第四纪冰川运动在这里留下了丰富的痕迹,仿佛在倾诉着古老而又神秘的地质故事。

　　500 多年前,客家人迁居到此,他们在独特的客家美食基础上,辅以浏阳豆豉,酌以本地山茶油,逐步形成一种别具风味的浏阳菜系,这就是享誉全国的湘菜经典——浏阳蒸菜。大围山就是浏阳蒸菜的发源地。置身山中,品尝山泉水蒸出来的蒸菜,味道格外鲜美。

　　玩累之后,寻一家民宿休憩,更能体味当地的风土人情。置身于树林和草丛中,鸟鸣虫吟此起彼伏,大自然的天籁之音令人心旷神怡。推开窗,满目青翠。沐浴在清新湿润的空气里,让心灵回归自然的同时,也让身体重新焕发活力。在这里,你可以在不经意间实现"把生活还给风景,把日子过成诗"的美好愿望。

上 | 山峦清溪。（刘建国 摄）
下 | 五指峰远眺。（谭梦林 摄）

上 | 雨后青山。（谭应球 摄）
下 | 大围山星轨图。（廖华 摄）

汨罗市
融媒体中心

春日，行吟汨罗江

【汨罗市】

停舟细问灵均迹，更有清流是汨罗。

2300多年前，诗人屈原行吟汨罗江畔，留下了《离骚》《九歌》等不朽诗篇。国之诗魂，投身河流，成为中国浪漫主义文学的绚丽源头。

春天的汨罗江，美得不可方物。这里的内河湿地大草原绵延近十公里，风景如画，令人沉醉。

长乐镇是汨罗江流经汨罗市的首站。走入"回龙门"，漫步麻石老街，尝一碗长乐甜酒，观一出抬阁故事，一瞬间，仿佛梦回千年前的长乐。沿江而下可达新市古镇，这里因"上通汉口，下抵长沙，连接湘江"的水运优势，物阜民丰。

在新市古镇，最热闹的当属千年民俗"烧宝塔"——人们祭河神、唱老戏、放河灯、看彩灯、猜灯谜，敲锣打鼓，绕塔起舞。

沿江而下，屈原生活过的南阳里，如今是国家4A级景区屈子文化园。这里有始建于汉的古建筑屈子祠，和目前国内最大的榫卯结构穿斗式全木仿古建筑屈子书院。每年端午前，龙舟弟子都要扛着龙头到屈子祠"朝庙"，礼仪程序基本沿袭清制。在屈子书院，游人可以走进屈原的世界，开启跨越千年的对话。

香草美人地，诗韵汨罗江。千年文化传承，给予了汨罗"端午源头、龙舟故里、诗歌原乡"的积淀。

左上 | 屈原投江处——河泊潭。（胡清 摄）
左下 | 屈子祠——始建于汉的古建筑。（胡清 摄）
右上 | 屈子文化园香草湖。（周敏 摄）
右下 | 汨罗江畔新市古镇的风光。（周敏 摄）

左 | 汨罗江上赛龙舟。(胡清 摄)
右上 | 汨罗江上祭河神、放河灯。(周敏 摄)
右下 | 国家级非物质文化遗产——长乐抬阁故事会。(胡清 摄)

07

山东

SHANDONG

沂河东岸风景新

[临沂市河东区]

临沂市河东区融媒体中心

　　临沂市河东区位于山东省东南部,在美丽的沂河东岸,也因此而得名。

　　河东历史悠久、人文荟萃,水城相融、风光秀美,区位优越、宜居宜业;传统文化、商业文化、红色文化、温泉养生文化根深叶茂。皇山东夷文化园、临沂动植物园、汤头温泉、观唐温泉、龙园旅游度假区等一个个旅游地标,以及东夷文化节、温泉旅游文化节、沂河体育节、迷你马拉松、全民健身运动会等精彩纷呈的艺体活动,在河东形成一道道亮丽的风景线。

　　这里有汤河国家湿地公园、沂沭河国家湿地公园两大国家级湿地公园,全区林木绿化率达22%,有着"三河环绕一城春、半城绿荫花醉人"的美誉。这里地热资源丰富、温泉文化源远流长。汤头温泉作为全国四大天然甲级温泉之一,被载入英国《不列颠百科全书》,"野馆汤泉"被《沂州府志》列为"琅琊八景"之首。

上 | 沂河东岸,风光秀美。
下 | 三河环绕一城春。

华东野战军总部旧址暨新四军军部旧址纪念馆，坐落于临沂市河东区九曲街道军部街1号，是新四军最后一个军部驻地，是华东军区、华东野战军诞生地，也是华东野战军从胜利走向胜利的起点。此地现为全国爱国主义教育示范基地，全国重点文物保护单位，全国保密教育示范基地，中国华侨国际文化交流基地，国家3A级景区，临沂十大红色旅游景点，等等。

左 | 华东野战军总部旧址暨新四军军部旧址纪念馆，是华东军区、华东野战军诞生地。
右 | 新四军军部旧址纪念馆。

春日律动，醉美诸城

【诸城市】

诸城市融媒体中心

世界上最大的鸭嘴恐龙化石骨架——"巨大诸城龙"出土于诸城。诸城恐龙国家地质公园被联合国教科文组织世界地质公园执行局专家誉为无与伦比的世界地质奇观，因此诸城有"中国龙城"之称。《孟子·离娄下》曾记载"舜生于诸冯"，诸冯就在如今诸城市的诸冯村，这里是舜帝的诞生地，因此也被称为"舜帝故里"。

诸城坐落在胶东半岛东南隅，山环水绕，地理环境得天独厚，明代状元赵秉忠谓之"山川形胜甲青齐"。历史上的诸城十景闻名遐迩：琅琊炊烟、九仙朝霞、卢洞清风、马耳腰云、龙潭飞瀑、扶淇轻烟……诸城境内奇山秀水，风光旖旎。扶淇河和潍河像两条飘逸的水袖，滋养着这片土地，孕育出灿烂的文化。孔门七十二贤之一的公冶长、宋代《清明上河图》的作者张择端、明代被誉为"三边不群之才"的陈烨、清代大学士刘统勋刘墉父子等先贤雅士，都出生于此地。宋代大文豪苏东坡

奶儿山春暖花开，千芳竞艳。

春日的潍河公园，一片宁静风光。

任密州知州两年，在这里写下了流传千古的"密州四曲"（《水调歌头·明月几时有》《江城子·密州出猎》《望江南·超然台作》《江城子·十年生死两茫茫》）。

诸城风光独特，文旅资源丰富，有常山、竹山、马耳山、障日山、卢山等60余座海拔百米以上的山，以及齐长城遗址、常山文博苑、超然台、大舜苑、韩信坝等名胜古迹。此外，诸城还建有臧克家故居、王统照故居、路友于故居等名人故居，140项传统文化被列入各级非遗保护名录。诸城派古琴更是被联合国教科文组织列入世界级非物质文化遗产名录。

诸城境内恐龙化石蕴藏丰富，探明了恐龙化石点30多处；发现了世界上暴露面积最大的恐龙化石群、恐龙足迹群，以及世界上最高大的鸭嘴龙化石；命名了10多个恐龙新属种。诸城恐龙化石群被联合国教科文组织专家组认定为举世罕见的世界地质奇观。

深富人文底蕴与独特自然风光的诸城，随着春日的律动，焕发出独一无二的美。

上 | 诸城的地标建筑——龙塔（诸城市广播电视发射塔）。
下 | 奶儿山上天问洞中，洞藏美酒今古飘香。

蓝天白云下的万古塔,庄严肃穆。

活力昌邑，魅力新城

【昌邑市】

昌邑市融媒体中心

昌邑，滨海临河，山川竞秀，既是莱州湾畔的秀丽之城，也是潍河之滨的宜居之地。

昌邑历史悠久，四千多年前便有人类在此繁衍生息。这里存留着先民煮海为盐的遗址，流传着孙膑巡邑的传说。丝绸文化让昌邑魅力尽显，华侨之乡让昌邑美名远扬。这方热土，沃野千里，稻麦飘香；这方热土，人杰地灵，名人辈出。这里是北方绿化苗木基地，片片苗木绿意盎然；这里是孔孟之乡、革命圣地，红色精神代代相传。

昌邑，一座浸润着传统文化的城市，手工剪纸栩栩如生，小章竹马延续传奇。昌邑，一座洋溢着澎湃活力的城市，架架高铁风驰电掣，艘艘渔轮扬帆破浪。昌邑，一座宜居、宜业、宜游的城市，正乘着时代发展的浩荡东风，一路前行。

走过春的浪漫，跨越夏的热情，点燃秋的绚丽，沉醉于冬的静谧，四季轮回像一幅精心描摹的画卷，绘制出昌邑缤纷的色彩，写满了精彩的故事，留下了缱绻的诗篇。

上 | 在宁静的秋日里,俯瞰昌邑城区。
下 | 潍河两畔,繁华市景与葱郁林地相映成趣。

上 | 昌邑城区一隅,文昌阁。
下 | 阳光照耀下的昌邑盐田,闪闪发光。

魅力武河，风光旖旎

【临沂市罗庄区】

临沂市罗庄区
融媒体中心

临沂，一座钟灵毓秀的文化古城，一方精神永续的红色胜地。在革命战争年代，百万沂蒙人民拥军支前，铸就了沂蒙精神。进入新时代后，临沂市抢抓发展机遇，经济运行稳中向好、进中提质，更是在生态保护方面走在了前列。罗庄区作为山东省新旧动能转换示范区，"腾笼换鸟"，淘汰落后产能，环境质量持续向好。

武河，主要流经山东省临沂市罗庄区黄山镇。炎炎夏日，武河湿地鱼虾成群，荷花出水，飞鸟翔集，一派生机勃勃的景象。在这里，自然生态和人文景观达到了和谐统一。

这里空气清新，鸟鸣悦耳，是市民休闲纳凉的好地方，也是临沂大生态治理的一个缩影。游客们一边拿起相机拍照，一边感叹祖国的大好河山，不禁哼起歌谣："人人那个都说哎，沂蒙山好……"

上 ｜ 武河丰茂的水草吸引众多候鸟前来栖息。
　　（焦利军、薛飞 摄）

下 ｜ 武河，蜿蜒壮阔，养育了一代又一代沂蒙人。
　　（岳云鹏、孟令飞 摄）

江北瓷都，聊斋故里

【淄博市淄川区】

淄博市淄川区
融媒体中心

淄川人杰地灵、文化繁盛、底蕴深厚，素有"江北瓷都、聊斋故里"之美誉。聊斋城、蒲松龄故居、柳泉、齐山、1954陶瓷文化创意园、留仙湖等一个个著名景点，造就了这个人文之地。

作为蒲松龄的故乡，淄川，是聊斋文化的发祥地，也是鬼谷子的讲学之地。《孟姜女哭长城》这个凄美的传说也发生在这里。美丽的风景和动人的故事为淄川留下了难以磨灭的印记。

淄川，锐意进取、勇于创新；淄川，山水交融，繁花似锦。爱上一个地方，也许是为一道风景，为一段青梅往事，为一座古朴旧居。又或许，为的仅仅是这个地方。

聊斋城与柳泉湿地公园。(司志栋、李莉 摄)

上 | 一片翠绿簇拥着蒲松龄雕像。（车俊燕 摄）
下 | 漫游留仙湖，风景美不胜收。（王宁、张志凌霄 摄）

大美湿地，魅力巨淀

【寿光市】

寿光市
融媒体中心

万亩湿地，千年少海；芦苇轻摇，水脉蜿蜒。大美湿地巨淀湖风景区，位于蔬菜之乡寿光市的西北部、荣乌高速公路的寿光西出口处。

这里波光水影、芦苇摇曳、鱼戏鸟飞，40多种国家级珍稀保护鸟类驻留，10余种野生鱼类自然繁衍。翻开巨淀湖唯美的画卷，巨淀之门、古八景、燕翔岛、巨淀湖码头、九龙雕塑喷泉群、湿地文化长廊……众多天人合一的景点星罗棋布、唯美如画。来巨淀湖风景区，人们可以畅享自由的呼吸，让心灵摆脱生活的喧嚣，找到一份久违的宁静。

占地100多亩的高端游乐场，拥有海啸池、眼镜蛇滑梯、亲子乐园等游乐项目，是亲子游的绝佳之地。占地80多亩的动物园，引进了鳄鱼、东北虎、非洲狮等40余种珍稀动物，是省级科普教育基地。

冬捕节、啤酒音乐嘉年华、ACAC全国射箭联赛、巨淀湖骑行比赛、环巨淀湖马拉松，一系列活动让巨淀湖景区成为青春涌动、梦想沸腾的活力之地。

这一片会呼吸的心灵栖息地，在四季流转中，成为山东乃至环渤海旅游线上一颗璀璨的明珠。

上 | 巨淀湖风光秀丽，被誉为"寿北明珠"。
下 | 燕翔岛上，晚霞漫天。

左上 | 景区内的生态餐厅,颇受游客欢迎。
右上 | 云蒸霞蔚,风景绝佳。
下 | 徜徉观鸟台上,感受巨淀湖的独特魅力。

潍坊有条金银沟，沟里处处是乡情

【潍坊市青州市】

潍坊高新区融媒体中心

位于潍坊市青州市弥河镇西南山区的九龙峪，自然资源丰富，悬崖峭壁、溪流瀑布、高山密林等地质奇观齐布，汇集成绝美的风景。

山川依旧，乡情难寻。经过多年的发展和改造，九龙峪焕发出了新的生机：曾经杂草丛生、人烟稀少的荒山土岭，如今已是绿意葱茏、生态优美的国家4A级旅游风景区；曾经简陋偏僻的桐峪沟村，如今已被雕刻成无数人感受乡情的老家民宿。清晨时，太阳掀开九龙峪神秘的面纱，浓雾渐渐散去，阳光照射到山顶，令人心旷神怡。柔风拂面下，绕过石板古道，通过溪流引路，看过翠竹迎宾，就到了桐峪里的八十间精品民宿。小桥流水、溪亭日暮，置身其中让人身心放松，不禁细细品味起时光。在这里，每一座院落都是休憩的港湾，每一处风景都有读不完的乡情。

"绿水青山就是金山银山。"九龙峪有山、有水、有故事，可游、可居、可体验。这里不仅有荒山到景区的美丽蜕变，也有山与水、人与自然、乡村振兴与农民富裕的崭新传奇。如今的九龙峪已然变成一条令人惊叹的"金银沟"。

上 | 山清水秀,霞光满天。
下 | 九龙峪充满了诗情画意,天然成趣。

浪漫薰衣草，打造最美童话小镇

【潍坊市临朐县】

潍坊高新区融媒体中心

盛夏的九山镇草木葳蕤，浓得化不开的绿色，覆盖着山巅，攀附于崖壁，铺展在沟谷。九山镇位于潍坊市西南部山区，地处潍坊、临沂、淄博三市交界处，风景秀丽，气候宜人。在这地理位置绝佳、自然环境优美的山乡，有一片"普罗旺斯"般的诗境之地。

曾经，受山高水远等地理条件限制，这里没能得到城市的辐射带动，产业结构单一，发展基础薄弱。后来，一位开荒者来到潍坊市临朐县九山镇，用了九年时间试种薰衣草，终于大面积试种成功。和这位开荒者一样勇于尝试、拼搏奋斗的人们，通过不懈努力，既让绿水青山变得五彩斑斓、变成金山银山，又让农村更美、农业更强、农民更富，为乡村振兴作出了贡献。

春风习习，草长莺飞，郁郁葱葱的青山之间，数千亩薰衣草竞相盛放，伴着暖风传来阵阵清香，犹如一片泛着层层波浪的蓝色花海，又如一幅徐徐展开的瑰丽画卷。

乡村振兴，离不开产业振兴、生态振兴。九山镇以薰衣草特色小镇建设为龙头，集观光旅游、产品加工和特色种植于一体，打造了一条三大产业融合发展的产业链、增值链，为加快新旧动能转换、推动乡村振兴，提供新动力、作出新贡献。

上 | 茂盛的薰衣草花田,东方的普罗旺斯。
下 | 当地政府鼓励建设薰衣草产品加工厂,打造薰衣草品牌,引领百姓走上增收致富之路。

(于家正 摄)

08

江苏

JIANGSU

与郁金香相约，与春天相约

[启东市]

启东市
融媒体中心

　　黄海与长江，冲积出沃土良田。启东，位于长江入海口，上海之北，是江苏最早看到日出的地方。这里生态宜居，人文璀璨，每年都会吸引数百万人前来旅游观光。本地有名的景区有吕四古镇、黄金海滩、张謇挡浪墙遗址公园等，现在又多了一处春季踏青之所——圆陀角旅游度假区。

　　时至三月，圆陀角旅游度假区内郁金香盛开，万紫千红，煞是好看，游人们相约而至，享受自然风光之美。

　　在2021年第四届郁金香花会上，核心区约有150万株郁金香，花区总面积近5万平方米。有游客通过无人机俯瞰整个花海，蓦然发现，一片黄色的郁金香与周围鲜红的花朵"绘"成了一面党旗，绚丽夺目。

　　50个亲子家庭围拢在百米画卷旁，将关于长江的畅想涂于白纸之上，白色渐稀，彩色渐浓，于是有了祥云彩卷，有了高楼大厦……

　　儿童持画笔恣意涂抹，老年人则舞出太极生风。来自全国各地的太极拳爱好者聚于长堤上，随音乐开合，动静有节。

　　一些人认为，旅行是从静处去往闹处，潇洒游乐，大声歌唱；还有一些人认为，旅行是从闹处去往静处，细听花语，默闻花香。

　　启东，一半是海，一半是花；一半纯蓝，一半斑斓；是向往之处，也是宜居之所。

近一万盆郁金香被摆成党旗造型。（袁竞 摄）

3月,圆陀角旅游度假区成为郁金香的海洋,远处是百余米的风车长廊。(周凌峰 摄)

郁金香初绽,与春天相约。(王波 摄)

郁金香花会全景。（王波 摄）

50个亲子家庭共绘长江。(王波 摄)

春到甸上来

【海安市】

海安市白甸镇是江海平原上镶嵌的一颗璀璨的明珠,享有"鱼米之乡、甸上桃源"的美誉。

甸上美,美在它的桃红柳绿。炊烟升起处,灰瓦白墙外,总有一株凭水的桃树映红了对岸,总有一株临风的柳树应和着春色。

甸上美,美在它的朦胧缥缈。清晨,氤氲的薄雾从水面袅袅散开。近看,温柔了双眼;远眺,滋润了田野。

甸上美,美在它的波澜不惊。弯曲的河水,仿佛一条长长的丝带将散落的田地柔柔地拢在了一起,似散还聚。

甸上美,美在它的从容安静。水鸟呼啦啦从河面划过,翅膀掀起了微风;鱼儿扑通跃入水中,回声久久环绕耳边。

春天的里下河，总给人以无限遐想。

桃李飞花流水间，不负韶光。

甸上的春天是绿色的,如仙子遗落在人间的晶莹剔透的碧玉。

一路走来，还是东台

【东台市】

东台市
融媒体中心

一座城，一幅画，一次最美的邂逅。

时光匆匆而过，你在世人心中，留下的远不止一时的惊艳。

春看花开，夏观潮涨，秋闻钟磬，冬品瓦韵。今生有幸，遇见最美的你——东台。

中国第一块海滨湿地类世界自然遗产核心区条子泥湿地，海天一色、万鸟翔集。每年春秋两季，数百万只鸟儿穿越重重山岭、漫漫风雨，飞到这里狂欢。

全国沿海地区最大的平原森林——黄海森林公园，林涛阵阵，鸟鸣啾啾。在这里，人们可以褪去一身疲乏，让浮躁的心变得平静，遇见最本真的自己。

董永故里西溪景区古迹仙踪处处，唐风宋韵犹存，景区内的海春轩塔为全国重点文物保护单位，"董永七仙女"传说被列入国家级非物质文化遗产名录。在这里，游客可以暂时摇身一变，做一日古代人，赏千年盛世景，一续与"仙""贤""佛"的不解之缘。

拥有千年记忆的安丰古镇青砖黛瓦、古色古香，是苏北地区规模最大、保存最完好的古民居建筑群。在这里，游客可信步于七里石板古街，随手翻阅古镇史卷，跨越千年，一寻明清古韵，亲历古盐场的繁华往事。

满是乡情的甘港老家，小桥流水，恬静惬意。在这里，看得见碧水蓝天，闻得到泥土清香，吃得到特色美食，游人可悠闲地观一台好戏，取一壶清酒，细品乡情。

上 | 条子泥湿地。（孙家录 摄）
下 | 黄海森林公园内林涛阵阵，鸟鸣啾啾。（张莉琳 摄）

夜色下的西溪草市街,灯火斑斓。(刘进涛 摄)

以为梦里，原来"谷里"

【南京市江宁区】

南京市江宁区融媒体中心

位于南京市江宁区的谷里街道，自然资源丰富，环境优美，2016年被评为南京市首个全域美丽乡村和全域旅游小镇"双全域"示范街道。谷里大塘金香草谷被誉为"南京的普罗旺斯"。每年5月，"紫色花海"如约而至，薰衣草、粉色沙滩、霍比特小屋……都是体验别样浪漫的好地方。

谷里街道徐家院村先后荣获"中国最美村镇生态宜居"奖、"中国美丽乡村百佳范例"等称号。徐家院村总面积近1000亩，其中水体面积约120亩、农田面积约550亩、景观花海约60亩、采摘体验区200余亩。每年3月，徐家院村盛开的郁金香花海蔚为壮观，像一幅色彩艳丽的油画。在这里，人们可以尽享田园风光。

当谷里街道马府院20余亩向日葵迎来盛放期时，放眼望去，成片的金色花海映入眼帘。朵朵葵花向阳而生，灿然盛放，充满了生机与活力。

上 | 大塘金香草谷薰衣草景观,被誉为"南京的普罗旺斯"。
下 | 大塘金香草谷浪漫的粉色沙滩上,游人如织。
（王俊 摄）

徐家院村的郁金香花海。（王俊 摄）

马府院约 20 余亩向日葵,向阳而生,充满了生机与活力。(王俊 摄)

来南通鲜花小镇，感受花花世界

【南通市通州区】

南通市通州区
融媒体中心

南通鲜花小镇，总面积约 5000 亩，以花卉观光为主要特色，是集吃、喝、玩、购、娱、休、养、育于一体的休闲旅游胜地。

小镇采用"两花同放"的理念选择植物，每季主打两种时令花卉。春季的主打花卉为郁金香和樱花，秋季则主打百合花和菊类花卉。除主打时令花卉外，还配有月季花、马鞭草花、薰衣草花、向日葵、油菜花和景观河中的睡莲等 20 余种辅助花卉。

在这里，游客可以体验花儿一样色彩斑斓的生活，让身心得到慰藉。例如：

春日的景区，主打花卉为郁金香和樱花。（陈冬萌 摄）

暮色四合下的同心玻璃桥。（彭常青 摄）

刺激——可以放声呐喊的网红喊泉、让人心惊肉跳的7D高空玻璃桥、别具一格的马术体验、惊险刺激的越野车体验。

过瘾——音乐餐厅的潮流餐品、咖啡吧的中外图书和特色饮品、蒙古包里的烤全羊。

欢乐——进鲜港河上随波荡漾的游船、蚂蚁部落的无动力儿童乐园。

祥和——颇具特色的主题民宿，日式禅意、自主烧烤、儿童娱乐等主题院落，花园式菜园，文创手作体验馆……

来鲜花小镇，到花海中看世界，在花草中寻生活，在浪漫的旅行中感悟生活的真谛。

南通鲜花小镇，宛若花的海洋。

马鞭草和月季,各美其美,美美与共,共同成就了鲜花小镇之名。(彭常青 摄)

上 | 樱花掩映下的小镇美景。（彭常青 摄）
下 | 徜徉于紫色花海，宛若置身于童话梦中。

苏州市吴江区
融媒体中心

运河古纤道

【苏州市吴江区】

京杭大运河是世界上最长、最古老的人工运河之一，发挥着沟通水系、航运交通的重要作用。运河两旁常常有一条供纤夫走的路，叫作"纤道"。如今，大运河江南段400公里长的河道两侧，保存下来的古纤道只剩吴江这一段。

吴江运河古纤道，古时全长约18公里（9华里），故又名"九里石塘"，始筑于唐元和五年（810），宋庆历八年（1048）增石修治，元至正六年（1346）至七年（1347）复以巨石修筑，故又名"至正石塘"。明清两代又多次修葺，现存驳岸的巨型青石即为元代遗存。这条三米多宽的石板路，在古代既是纤道，又是驿路，与运河构成水陆并用的交通要道。经过多次修复、整治，古纤道又迎来了崭新的发展历程。

站在运河古纤道上，可眺望河上往来的船只，虽然满载的货物将船身压得很低，但这些船依然劈波斩浪、奋勇前行。这画面不禁让人联想起千百年前，同样是在这里，在这条奔腾的黄金水道边上，纤夫们俯首曲腰，喊着号子，合力拉动满载货物的船只，仿若时空穿梭。

千年古运河静静流淌，千年古纤道蜿蜒相伴。运河水从吴江大地上流过，激起了朵朵浪花，也沾染上了这片大地所特有的文化色彩。河水从南向北，交融着物资、思想和文化，绵延出了源远流长的吴江文化，让一代代吴江人得到滋养与感发，也让崭新而激昂的新时代如约到来。

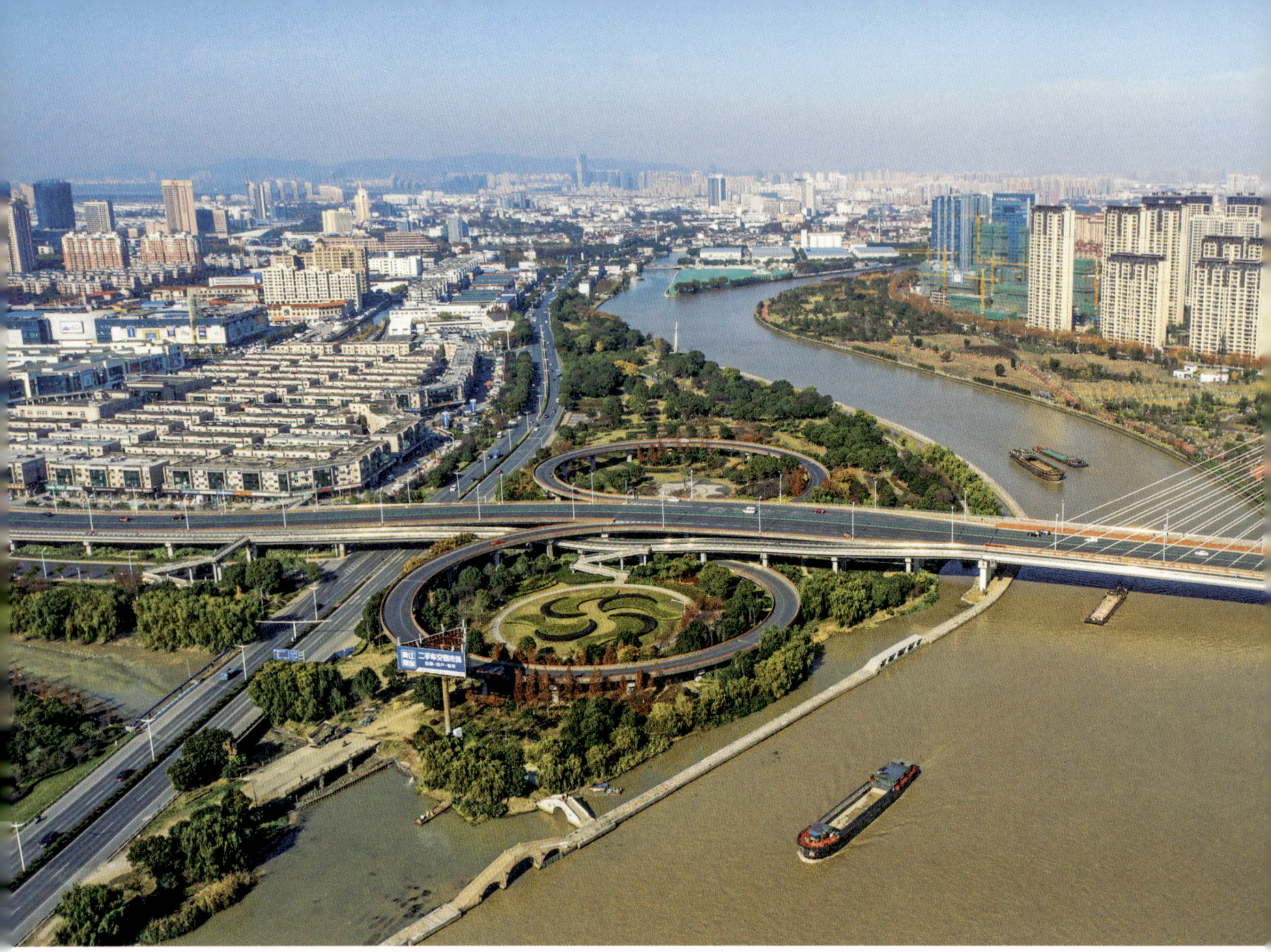

中国大运河遗产点
古纤道
The Ancient Towpath
This towpath was paved in 810 A.D. during Yuanhe Emperor's reign in the Tang Dynasty. It is now the only extant towpath in the southern part of the Grand Canal. Regarded as a model project of the ancient water transportation facility, it was inscribed on the list of major cultural heritage items protected by the provincial and national government respectively in 1995 and 2006.

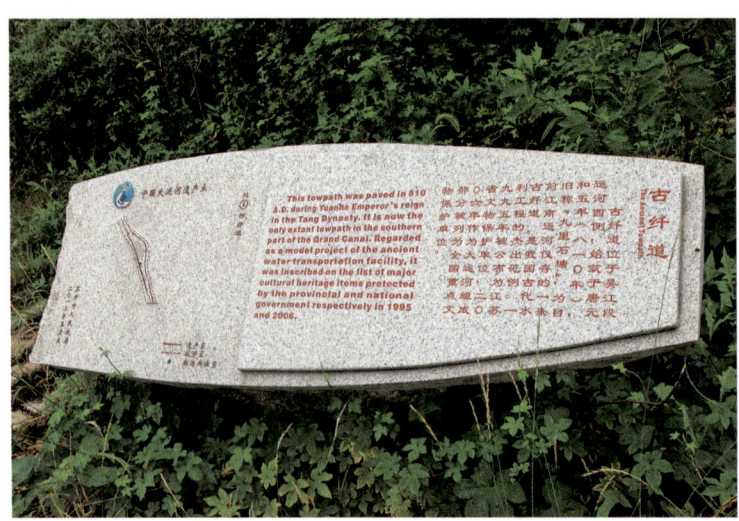

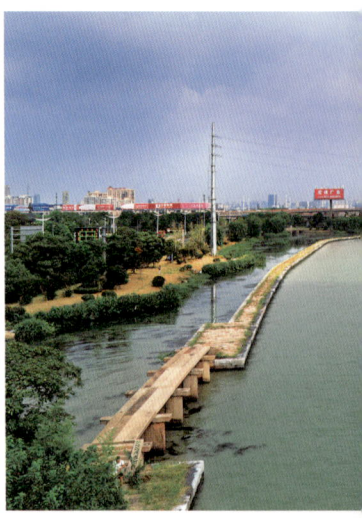

上｜从空中俯瞰，可见运河古纤道全貌。

下｜依次为运河古纤道的世界文化遗产标志牌、运河古纤道南段的风光，以及供船通行的拱桥。

（吴斌 摄）

盐都水乡有清音

【盐城市盐都区】

盐城市盐都区
融媒体中心

  盐城市盐都区背依平原，东望大海，位居长三角区域一体化中心区的盐城市主城区，全方位融入了上海"一小时经济圈"和北京"一日商务圈"。

  在盐都，遇见美。盐都是里下河水乡，大纵湖国家湿地公园绿意氤氲，草房子乐园书声琅琅，东晋水城碧水环绕，芦荡迷宫如梦如幻，台创园花团锦簇，新农村新房连片；蟒蛇水上文化生态廊道如诗如画，"渎上老西门"浓浓民国风。蓝天、碧水、湿地，好空气、好生态，这一张张绿色名片，更是一块块金字招牌。

  盐都坚持"世界眼光、国际标准、盐城特色"，以一个个国家级的品牌为依托，让绿色成为盐都区发展的底色，打造产城融合、宜居宜业的现代化新城区。

上 | 草房子乐园一派水色山光。
下 | 夕阳下,大纵湖度假区金色弥漫。

大纵湖芦荡迷宫如梦如幻。

09

黑龙江

HEILONGJIANG

多元爱辉，闪耀边城

【黑河市爱辉区】

黑河市爱辉区
融媒体中心

在东北，有这样一个地方，它依靠独特的区位优势和资源禀赋获得了国际合作、投资兴业、人文交流的良好发展机遇，它是中国人口地理分界线"瑷珲－腾冲线"的北起点，是国家级生态示范区、"全国民族团结进步模范集体"，它就是——黑河市爱辉区。

黑河市与俄罗斯布拉戈维申斯克市隔黑龙江相望，被誉为"中俄双子城"。天蓝、地绿、水清，是黑河市爱辉区最真实的写照。这里广袤的森林，是黑龙江省最大的国有林区。这里拥有国家生态文明建设示范区、中国天然氧吧两张国家级绿色名片。

黑河市是历史文化名城，是清始祖发祥地、首任黑龙江将军驻地、第三届黑龙江省旅发大会重要承办地。"中国历史文化名镇"瑷珲镇，成就了"英雄之城、爱国之民"的传世美名。"北方游猎第一乡"新生鄂伦春族乡、"北疆知青第一村"外三道沟村、5C级瑷珲国际汽车营地，则尽显北疆文旅融合之美。

有爱的地方，欢迎有爱的人。爱辉区，值得所有对未来充满期待、希望体验不一样的风土人情的游客北向而行。

上 ｜ 三道沟村的知青体验园，极富北疆文旅融合之美。
下 ｜ 瑷珲上元节的热闹景象与青龙节盛况。

红色名城，塞北延安

【北安市】

北安，素有"北国枪城、塞北延安"的美誉。1945年11月，延安干部团途经八个省，跋涉八千里，在这里建立了中国共产党领导下的第一个完整的省级人民民主政权——中共黑龙江省工作委员会。

这里建成了中华人民共和国第一个冲锋枪枪厂——北安庆华工具厂（626厂），该厂累计生产各种枪支900余万支，有力地支援了抗美援朝，中印、珍宝岛、中越等自卫反击战。在这里，游客可以置身于红色博物馆群，追忆革命烽火、感受历史沧桑，接受最直观的党史教育和精神洗礼，可以体验全国唯一一家以枪械为主题的博物馆的军工文化。

北安是一座冰雪之城。2018年，北安市委市政府深入贯彻"带动三亿人参与冰雪运动"精神，落实"百万青少年上冰雪"行动计划，致力于发展冰雪运动，规划实施了冰球馆项目，建成了黑龙江省第一座县级市冰球馆。在这里，既可以漂移在速滑场的赛道上，领略冰雪运动的独特魅力，又可以驰骋在室外冰球场中，享受冰雪运动的乐趣。

今天的北安正超越不凡的昨天，大步走向创新发展的未来，期待全世界的游客来此开启一场寻梦之旅。

上｜北安冰球馆是黑龙江省第一座县级市冰球馆。
下｜2020 中俄国际冰球友谊赛北安站在北安冰球馆正式开赛。

庆华军工遗址博物馆是全国唯一一家以枪械为主题的博物馆。

中国共产党领导下的第一个完整的省级人民民主政权——中共黑龙江省工作委员会的旧址。

松涛林海，绿色明珠

【嫩江市】

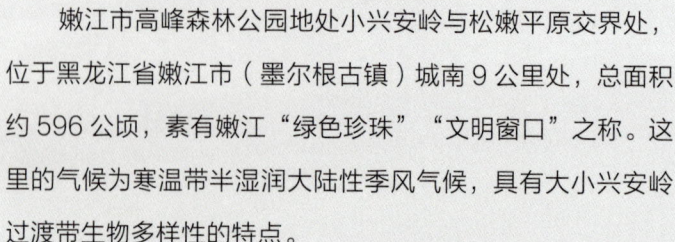

嫩江市融媒体中心

　　嫩江市高峰森林公园地处小兴安岭与松嫩平原交界处，位于黑龙江省嫩江市（墨尔根古镇）城南9公里处，总面积约596公顷，素有嫩江"绿色珍珠""文明窗口"之称。这里的气候为寒温带半湿润大陆性季风气候，具有大小兴安岭过渡带生物多样性的特点。

　　公园内古树参天，植被茂盛，森林覆盖率可达82.9%，生长着具有300多年树龄的嫩江云杉、樟子松、落叶松等大批珍贵树种，山里红、丁香等亚乔木，以及胡枝子、兴安杜鹃、刺玫瑰、刺五加等小灌木。

　　因独特的森林景观和良好的自然环境，这里成了野生动物的乐园。狐狸、东北兔、松鼠等10余种小型兽类，以及白鹤、金雕、东方白鹳等国家一级重点野生保护动物在内的220余种鸟类，都在此栖息繁衍。每年春秋两季，数以百万计的候鸟途经于此，这里也因此成为国家重点鸟类环志站和野生动物疫源疫病监测中心。

上 | 齐加铁路贯穿高峰森林公园景区。
下 | 高峰森林公园的两只太平鸟在嬉戏。

10

江西

JIANGXI

鄱阳湖畔『苍鹭村』，人与苍鹭和谐共生

【九江市都昌县】

都昌县
融媒体中心

享有鄱阳湖"苍鹭第一村"美誉的九江市都昌县苏山乡达子咀村三面环水，植被繁茂。每年，绝佳的栖息环境吸引着万余只苍鹭飞抵这里，完成求偶、筑巢、交配、产卵、孵化、育雏、学飞等过程，逗留时间长达九个月。数以万计的苍鹭在此翩翩起舞，展翅飞翔，吸引了各地游客。

达子咀村的苍鹭由少到多，离不开村民对苍鹭这种"吉祥鸟"的精心呵护。达子咀村的村民说，20世纪90年代，村里飞来了数只苍鹭筑巢。村里的老人说，这种鸟是吉祥鸟，能带来祥瑞。从此以后，村民们便小心地呵护着这种身披黑白灰三色羽毛的水鸟。

苍鹭刚来时，捕猎候鸟的不法行为时有发生。为此，村民们自筹资金，在林中建起了六个木屋，日夜值守。得益于近年来湖区民众护鸟意识提高，不再有捕猎候鸟的不法行为，村里这种自发的巡护活动也停了下来。

在树林中，至今仍可见六个四面透风的木屋。"这是我们当年巡护候鸟用的'鸟棚'，"村民徐良贵对此记忆犹新，"那些年，无论刮风下雨、降雪打霜，大家都轮流在'鸟棚'里值守。"

每年大批苍鹭飞来时，筑巢是其构建"小家庭"的关键一步，苍鹭较多的湖区岸边可用于筑巢的枯树枝远远不够，它们一般需要往返衔树枝数百次。达子咀村的村民不忍心看到苍鹭来回辛苦奔波，便约定好每年入冬以后，每家至少砍好十公斤以上筷子粗的枯树枝抛撒在湖区岸边。

达子咀村内，雨后苍鹭晒翅。（袁文辉 摄）

　　苍鹭多了，不可避免会排泄大量黏稠的鸟粪，其有一定的腐蚀性，同时会因盖住树叶而影响树叶的光合作用，进而致使大量树木死亡。为了留住这个人鸟共存的家园，村民们在自然树木稀少的地方建了一些人工铁树，部分苍鹭已在上面安家。此外，村里每年还会筹集资金，补种苗木，以使生态环境良性发展。

　　在村民们的精心呵护下，苍鹭在这里不停繁衍，从最初几十只，到几百只、千余只，如今已过万只。数量渐增的苍鹭已"占据"了邻村的树林，俨然形成了一个庞大的候鸟"村落"。

达子咀村，从一个名不见经传的小村，变成了摄影爱好者、游客的热门打卡地。达子咀村的村民非常淳朴，大多不善言谈，但就是这样的一群村民感动了每一位游客，许多摄影爱好者一年要来很多次。有的游客在听过达子咀村精心守护苍鹭的故事后，流下了感动的眼泪。

现如今，在当地政府的支持下，达子咀村建起了观鸟台，改造出一些民宿，方便游客摄影和休息，也为善良的村民增加了收入。

左 | 苍鹭展翅，开心地高歌一曲。（袁文辉 摄）
右 | 又见双苍鹭，比翼齐飞。（袁文辉 摄）

或停或飞，乘风舞翩跹。（袁文辉 摄）

11

河北

HEBEI

千年古邑，现代新城

【石家庄市栾城区】

石家庄市栾城区
融媒体中心

栾城位于河北省西南部，是省会石家庄市八区之一。栾城区古有"皇道"，今有现代化综合立体交通体系，处在京津冀都市圈、环渤海经济圈、省际"一小时交通圈"的核心位置。

栾城区人杰地灵、土沃水丰，是传统农业大区，且人文底蕴深厚。栾城区撤县设区后，各项事业突飞猛进，驶入发展快车道。近年来，栾城优化农业产业结构，吸引国内农业产业化龙头企业落户，推出了一批有品质、有口碑、有市场的特色"栾"字号农产品品牌。栾城还连续举办了阳春草莓采摘节、三苏文化旅游节、中国国际通用航空博览会，着力打造了栾城的三张对外名片，已形成品牌效应。

作为现代新区的栾城，百业俱兴，堪称活力之城。坐落在栾城区的河北石家庄装备制造产业园，是京津冀协同发展战略的40个承接产业转移平台之一，也是全国首批通用航空产业综合示范区、国家外贸转型升级基地、省级高新技术产业开发区等，并成功举办中国国际通用航空博览会，成为栾城一张靓丽的名片。

"三苏"（苏洵、苏轼、苏辙）的祖籍是栾城，这座城也因此颇具文化气息。初唐政治家、文学家、宰相苏味道的著名诗作《正月十五夜》被誉为"古今元宵诗第一"，"火

柴武台公园内秋意渐浓,西风凋碧树,红叶展妖娆。

树银花合,星桥铁锁开"一语千年,脍炙人口。苏味道晚年被贬为眉州(今四川省眉山市)刺史,卒于任上,归葬栾城,其第二子留于眉州,始有眉州苏氏,繁衍十世后,于宋代诞生了名扬四海的"三苏"父子。

"三苏"对栾城始终铭记于心。苏辙为其兄苏轼所作墓志铭中曰"苏自栾城,西宅于眉"(苏氏源自栾城,后迁于西南定居眉州),并将自己的文集命名为《栾城集》,可见其对祖籍栾城归属感之强烈。

左 | 春来风暖,樱花烂漫,缕缕清香,让人流连忘返。
右上 | 粉白柔软的樱花,层层绽放,勾勒出一片春意。
右下 | 春风拂面,樱花林芬芳四溢,香醉爱花人。

松海叠翠，邂逅清西陵

【保定市易县】

易县
融媒体中心

清西陵景区位于北京市西南 98 公里处的河北省保定市易县永宁山下，是清朝最后一处帝王陵墓群。清西陵始建于 1730 年，完工于 1915 年，历时 185 年。这里埋葬着雍正、嘉庆、道光、光绪 4 位皇帝，以及后妃、王爷、公主、阿哥等共计 80 人，形成了以 14 座陵寝为主，行宫、永福寺、营房、衙署为辅的 83 平方公里的广袤陵区，是现存规模宏大、保存最完整、陵寝建筑类型最齐全的古代皇家陵墓群。

清西陵于 1961 年被列为全国首批重点文物保护单位，2000 年被列入世界遗产名录，2020 年 1 月 7 日被文化和旅游部评为国家 5A 级旅游景区。

清西陵具有极高的史艺价值：雍正皇帝的泰陵建有世界上单体规模最大的品字形石牌坊；道光皇帝的慕陵建有世界最大的金丝楠木雕龙大殿——隆恩殿；嘉庆皇帝的昌陵隆恩殿，因地面采用花斑石铺墁，故有"满堂宝石"之誉；光绪皇帝的崇陵采用贵重的铜铁木建造，有"铜梁铁柱"之称；孝和睿皇后的昌西陵建有中国古代陵寝中唯一的回音壁和回音石；清西陵永福寺、行宫为清代陵寝附属建筑仅存孤例。

清西陵山川秀美，景物天成，自然环境极具亲和力。这里群山环护，是中国最大的人工古松林，1.5 万株古松和 20 万株幼松遍布陵区，被誉为"天然氧吧"，是个休闲、度假、养生的好去处。

泰陵大碑楼。（苟建伟 摄）

上 ｜ 远望泰陵的古松林，莽莽榛榛。（马健 摄）
左下 ｜ 雍正皇帝的泰陵，巍峨庄严。（佘晓华 摄）
右下 ｜ 慕陵的时空长廊。（郑飞 摄）

12

内蒙古

NEIMENGGU

两山一河，灵韵山水

【赤峰市克什克腾旗】

赤峰市克什克腾旗融媒体中心

"背负青天朝下看"，在祖国辽阔的土地上，有一块特殊的区域，它绵延两万平方公里，拥有大兴安岭最高峰黄岗峰和赤峰市第一高峰大光顶子山，两峰南北对峙，撑起了一道名为克什克腾的脊梁。两大山脉冲破地壳、宽邃裂谷形成的辽水之源西拉木伦河（也作西拉沐沦河），孕育了远古红山文化和北方草原文明。

两山一河，挺脊张臂，河岳交错，星耀其间，造就了克什克腾世界级的地质、自然、历史文化旅游资源。这片灵韵山水，给予了克什克腾建设驰名中外的"特色文化旅游和生态休闲度假基地"充分的信心和底气！

20年前，诗人席慕蓉一首《父亲的草原母亲的河》开启了克什克腾文旅融合的新篇章。近年来，克什克腾大手笔拍摄了文旅电影《一路欢喜》，谱写了《那山那水那草原》等多首原创歌曲，举办了草原音乐节、冬季旅游节等贯穿四季的文旅节庆活动，推出了旅游吉祥物"沐沦"及沐沦系列文创产品，在高质量发展的道路上奏响了文旅融合的最强音。

克什克腾的灵韵山水，孕育了红山文化和北方草原文明。

两山一河，星耀其间，克什克腾进入发展新阶段。

13

北京

BEIJING

北京市门头沟区
融媒体中心

天初暖，日初长，门头沟里好春光

【北京市门头沟区】

　　岁月之美，在于它的流转更迭。风愈柔，日愈长，从清风到暖阳，春天像一位少女，带着自然光鲜的色彩，拂过了门头沟的山野和田间。

　　门头沟的春日总是明媚动人的，徐徐清风拂过树梢，拂过山间和云彩，拂过人们的心头。仿佛只是一夜之间，一切就都染上了柔美的色彩。

　　搭乘驶向春天的列车，视线掠过一户户小院，眺望永定楼，倾听潭柘、戒台两寺庄严的钟声，闭眼想象玉兰花开的美丽……再睁眼时，只见漫山遍野的桃花已然绽放。

　　春天的黎明已将寒冬的困倦吹散：绿芽醒来了，鲜嫩的柳枝互相拥抱；溪水流淌，像欢乐的乐曲奏响在山间；花朵从大自然的心中绽放，像春日织就的清梦。

　　桃之夭夭，灼灼其华，漫山遍野飘散开来，恍若人间仙境。门头沟的春色，就藏在山野之间，藏在人们的眼睛里。

上 | 阳光为桃花添上了一抹娇艳之色。
下 | 漫山遍野，桃花绽放。

自然光鲜的色彩,拂过门头沟三月的山野和田间。

北京市门头沟区
融媒体中心

桃花溪上赏桃花

【北京市门头沟区】

相较南方的春，北国的春有着更加鲜明的特点。冬雪刚刚消融，一抹粉红已悄然跃上枝头，昭示四季之美的伊始。北京市门头沟区内群山相连，有着得天独厚的生态之美。

每到3月，和煦的阳光照暖了春风，照耀着桃花，使百里大山上露出一片片娇艳的粉色，妙峰山畔的"桃花溪"因此而生。

随风飘入溪流的灼灼桃花，配以凉亭、奇石、水榭、小桥，共同成就了京西大山的美。置身其中，恍惚间像是进入了陶渊明笔下的"桃花源"，让人"乐不思蜀"。

桃花溪的桃林，不同于平原的桃林，并非整齐地排列着，却更加恢宏大气。它们扎根在大山上，向阳而生，散发出清新的香气，让人赏心悦目。

桃花溪的水，也不同于其他小溪的水，它流得不远，却汇聚成了一方小池。清冽的山泉，滑过山石夹缝，伴随着"叮咚"声，凝成了一池春水，既散发着过往冬日的寒气，又蕴藏着早春的清香，动时是山间银蛇，静下来就成了一方明镜，映着京西大山的无限风光。

总之，来到桃花溪，无论是踏青赏景，还是吟诗品茗，抑或是摄影写生，都可以找到独属于自己的那一方天地。这里彰显着门头沟践行"两山理论"的成果之美，刻画着京西山城的四季之美，浸透了革命老区百姓的淳朴之美。这里是门头沟区创作的一篇华美文章，等待万千游客前来细读、品味。

桃花溪，百里大山上满是娇艳的粉色。

上 | 凉亭、奇石、水榭、小桥,再配以漫山遍野的灼灼桃花,宛若陶渊明笔下的"桃花源"。

下 | 桃花溪的桃林并非整齐地排列着,却更加恢宏大气。它们扎根在大山上,向阳而生。

京郊夏日游，寻一方清凉之境

【北京市昌平区】

北京市昌平区
融媒体中心

来到北京市昌平区明十三陵，总要走一走神路（即长陵神道）。明朝时，神道由南向北依次建有石牌坊、三孔桥、大宫门等系列神道墓仪设施及桥涵建筑。走在神道中央，梦回大明王朝，游客可以感受过去的文化，从青石、白石中寻找前人留下的痕迹和故事。这段路不长，但很有味道。

感受历史文化后，就到了七孔桥，循着碎石路，可走进花海深处。多彩的松果菊、荷兰菊等展开笑颜，共同成就一幅幅天然画卷。这里，不同的花会渐次开放，游人每次到访都会产生不同的感受。

明十三陵长陵神道，纵贯长陵南北，蔚为壮观。（陆岗 摄）

长陵神道两旁的石像生——石人与石象。(郑文玲 摄)

除风景外，美食亦不容错过。传说中的"四大名宴"就来自十三陵镇风光旖旎的乡村。提起"烙糕子"，北方人并不陌生。以玉米面、高粱面、小米面、紫米面做皮，以时令菜为馅料，就做成了"烙糕子"，再配上焖水库鱼、鹌鹑蛋、凉拌时蔬等30多道独具乡村风味的冷热菜，便是一桌享誉京郊的"烙糕子宴"。悼陵监烙糕子宴与长陵永乐饸饹宴、康陵正德春饼宴、上口马武寨驴打滚宴并称十三陵镇"四大名宴"。

游神路，观花海，品美食。置身其间，呼吸着新鲜的空气，可闲看庭前花开花落，可漫随天外云卷云舒。

在悼陵监，可品尝美味名宴——烙糕子宴。（杨晨雨 摄）

七孔桥花海位于昌平区十三陵镇,来此可感受大自然的美丽。

密云梨花开，踏青正当时

【北京市密云区】

北京市密云区
融媒体中心

不老屯镇位于首都饮用水源地之一密云水库正北岸，鸭梨种植历史悠久，目前已经形成规模。每年4月中下旬，密云的万亩贡梨园内内一片"飞雪"。那漫山遍野的白，是春日踏青之旅中不可不赏的美景。

梨花，洁白淡雅，清新怡人，自古便是文人墨客钟爱之物，亦留下了不少传世佳篇。伴随着春天和煦的阳光和温暖的春风，一团团、一簇簇雪白的梨花开满枝头，真有"占断天下白，压尽人间花"的气势。

4月底，花瓣随微风飘落，整个梨园内似飞雪蔽日，形成"梨花飞雪"的绝美景观。

万亩贡梨园内，梨花俏绽枝头。

春日密云，美若仙境。

整个梨园内似飞雪蔽日,形成"梨花飞雪"的绝美景观。

鸣 谢

（排名不分先后）

杨 磊	段晓波	瞿柯楠	杨继泽	李关伟	李伟建
杨雪雁	郭章明	王 钦	房 玮	刘芷萌	兰 雨
毛 云	杨雪雁	臧东升	苟儒君	卢海军	张 琳
吴先同	张仲雄	闫 伟	李 洋	和红侠	王 娟
张 珊	朱恢军	侯 瑜	黄珏筠	黄敬荣	林嘉辉
郑莹映	王锦豪	孔令滨	李传宝	张 杏	熊 铭
邓 千	张译丹	陶 沙	谢秋红	唐广益	胥 扬
刘 爽	李圣景	王宗海	赵宏志	陈文龙	范绍杰
刘志强	周凌峰	戴敏捷	周颖亚	张仁干	李大宏
卢 军	丁晓峰	杨 潇	季 勇	倪晨阳	王姝炜
方 华	邵晓玲	宋冠男	杜春泉	梁 栋	张雪纳
万 旭	左小东	柴生彩	赵俊刚	张宏丽	宋晓明
顾峻峰	杜海龙	于静波	高 蕾	段云朝	刘可涵
杨理光	张晓娜				

图书在版编目（CIP）数据

美好生活·四季旅行.第一辑 /《美好生活·四季旅行》栏目组编. -- 北京：当代世界出版社，2022.6
ISBN 978-7-5090-1571-1

Ⅰ.①美… Ⅱ.①美… Ⅲ.①旅游指南—中国 Ⅳ.①K928.9

中国版本图书馆CIP数据核字(2022)第036694号

书　　名：	美好生活·四季旅行
出 品 人：	丁　云
监　　制：	吕　辉
项目统筹：	高　冉
责任编辑：	李俊萍　李玢穗
出版发行：	当代世界出版社
地　　址：	北京市东城区地安门东大街70-9号
邮　　编：	100009
编务电话：	(010) 83907528
发行电话：	(010) 83908410（传真）
	13601274970
	18611107149
	13521909533
经　　销：	新华书店
印　　刷：	北京汇瑞嘉合文化发展有限公司
开　　本：	787毫米×1092毫米　1/16
印　　张：	15.5
字　　数：	160千字
版　　次：	2022年6月第1版
印　　次：	2022年6月第1次
书　　号：	ISBN 978-7-5090-1571-1
定　　价：	88.00元

如发现印装质量问题，请与承印厂联系调换。
版权所有，翻印必究；未经许可，不得转载！